MARCA$
QUE BRILHAM

MÁRCIO SANTOS

MARCAS QUE BRILHAM

Criando uma identidade de marca eficaz

Para meus pais,
Odeni e Enadir Santos

Agradecimento

"Edifica tua casa sobre rocha" (Mateus 7:24).

Assim como um edifício sólido repousado sobre uma fundação robusta, minha jornada tem raízes na sabedoria e amor que meus pais, me transmitiram.

Assim como a rocha oferece estabilidade e firmeza, eles me deram uma base sólida de valores, princípios e apoio inabalável.

Ao longo dos anos, construindo as estruturas da minha vida com paciência e dedicação..

Enfrentando as tempestades e superando os desafios e sempre se mantendo rumo ao horizonte. Me deram o alicerce de amor e confiança que me permitiu enfrentar o desconhecido com coragem.

A conclusão deste livro dedico a vocês, meus heróis silenciosos, guias da minha inspiração constante.

Assim como a rocha é o alicerce que sustenta a estrutura, vocês meus pais são o alicerce que sustentam meus sonhos, aspirações e inspiração.

Que as palavras destas páginas sejam um testemunho do apoio e sabedoria que vocês me forneceram ao longo da minha jornada.

Que esta dedicatória seja uma homenagem sincera ao seu legado duradouro, à construção de uma vida baseada na rocha da família e no alicerce do amor.

Com gratidão e amor eterno,

Márcio Santos

Atravessaremos os pilares da identidade visual, enfatizando a importância da simplicidade, originalidade e consistência no processo de construção da marca. Entenderemos como cada um desses elementos se conecta para criar uma imagem coerente e poderosa da marca.

O branding bem executado será o nosso foco. Discutiremos a importância da consistência na aplicação do logo e dos elementos visuais em todas as plataformas de comunicação e marketing. Além disso, aprenderemos como a marca deve se adaptar às mudanças do mercado e às preferências dos consumidores para permanecer relevante e atual.

Neste livro , convido você a considerar uma perspectiva única: e se você fosse a marca mais importante que poderia cultivar? Assim como as marcas se destacam no mercado, você também pode criar uma identidade pessoal única e vívida. Descubra como os conceitos que impulsionam como marcas de sucesso podem ser aplicados à sua própria jornada de auto descoberta.

"Marcas que brilham" é um convite para explorar sua própria singularidade e construir uma identidade que reflita quem você realmente é. Ao mergulhar nos princípios do branding , você descobrirá como criar uma "Marca Eu" poderosa e autônoma. Este livro é um guia inspirador repleto de insights práticos e histórias inspiradas, destinado a capacitar você a trilhar uma jornada transformadora em direção à auto descoberta e realização pessoal ou corporativa.

A jornada começa agora.....

A vida não examinada não vale a pena ser vivida.
''Sócrates''

SUMÁRIO

PARTE UM

PARTE DOIS

" MARCAS QUE BRILHAM ".

Estou empolgado em compartilhar com você uma jornada de descobertas e aprendizados sobre como criar uma identidade de marca impactante e eficiente, capaz de conquistar a mente e o coração do seu público.

No mundo empresarial altamente competitivo de hoje, uma marca forte e memorável é um diferencial fundamental para o sucesso de qualquer negócio. Ela representa a personalidade e os valores da empresa, criando uma conexão emocional com os clientes e estabelecendo uma identidade única no mercado. Mas, construir uma marca de valor vai muito além de um simples logo bonito, é uma combinação de estratégias bem pensadas, elementos visuais impactantes e uma comunicação consistente.Ao longo deste livro, embarcaremos em uma jornada que abrange uma série de tópicos fundamentais para a construção de uma identidade de marca eficaz. Começaremos definindo o conceito de branding e explorando sua importância para a criação de uma marca autêntica e relevante. Veremos como o branding vai além do aspecto visual, abrangendo a essência da empresa e a experiência que ela oferece ao público.

Mergulharemos na criação de um logo de sucesso. Descobriremos os segredos por trás de um design simples e memorável, capaz de representar a essência da marca e criar uma identificação instantânea com o público. Exploraremos a importância das cores, formas e fontes na construção de uma identidade visual marcante.

PARTE UM

De uma estrela Anônima ao Brilho da Fama

Uma jovem mulher chamada Norma Jeane Mortenson, nascida em 1º de junho de 1926, em Los Angeles, Califórnia, veio ao mundo em situações difíceis, com um pai desconhecido e uma mãe que lutava contra seus próprios demônios. Norma cresceu em lares adotivos e passou por muitos desafios, mas ela nunca perdeu a esperança.

No início, Norma não passava de uma jovem sonhadora, uma pérola escondida nas ruas de Hollywood. Mas ela tinha algo especial, algo que iria mudar o curso da sua vida e da história do entretenimento para sempre. Norma sabia que precisava criar uma identidade que a destacasse na multidão de aspirantes a estrelas.

E assim, ela se tornou Marilyn Monroe.

O nome em si era uma criação cuidadosamente elaborada. Marilyn, inspirada pela atriz Marilyn Miller, e Monroe, o sobrenome de solteira de sua avó. Mas Marilyn não parou por aí. Ela sabia que para brilhar na indústria do entretenimento, precisava se tornar algo mais do que uma atriz comum.

Marilyn investiu tempo e esforço na construção de sua marca pessoal. Ela desenvolveu uma imagem icônica, com sua beleza radiante, cabelos loiros e atitudes sensuais. Ela compreendeu o poder da imagem e como isso poderia atrair a atenção do público.

No entanto, Marilyn não era apenas uma aparência deslumbrante; ela era uma talentosa atriz e cantora. Ela trabalhou incansavelmente em sua arte, aprimorando suas habilidades e se esforçando para se destacar. Ela entendeu que a fama não era apenas sobre a imagem, mas também sobre o talento.

Nesta jornada repleta de altos e baixos. Ela encarou críticas, rejeições e obstáculos, mas nunca desistiu. Sua determinação e resiliência a levaram das pequenas participações em filmes para os papéis, principais em clássicos do cinema.

Com o tempo, ela se tornou um ícone, um símbolo do glamour de Hollywood. Sua marca pessoal era tão forte que transcendeu sua carreira no cinema e se tornou uma referência cultural.

Sua vida foi curta, mas seu legado perdura. Ela personificou a capacidade de transformar uma identidade, de criar uma marca pessoal que brilhasse intensamente, mesmo por vezes nas sombras.

Sua vida é uma história emocionante de perseverança, auto descoberta e busca implacável pelo sucesso. Ela nos lembra que, independentemente de nossas origens, podemos moldar nossa própria identidade e deixar uma marca de rigor no mundo. Marilyn Monroe, a estrela que surgiu do anonimato para o auge da fama, é uma inspiração eterna para todos nós.

A trajetória desta figura icônica do passado oferece insights valiosos para marcas famosas que desejam conquistar a lealdade dos consumidores e se destacarem no mercado. Essa figura, sem nome, começou como uma desconhecida, mas sua estratégia de branding inovadora levou ao auge da fama. Aqui estão algumas lições valiosas que podem ser extraídas dessa jornada.

A Construção de uma Identidade Distinta : No início ela conheceu a importância de criar uma marca única e específica. Assim ela escolheu um nome artístico que ressoou com o público, marcas ou pessoas famosas devem investir na criação de uma identidade de marca coesa que se destaque da concorrência.

O Poder da Imagem : Ela compreendeu intuitivamente o impacto da imagem. Sua aparência e estilo se tornaram sua marca registrada. Marcas famosas podem aprender a importância de uma imagem visual forte, desde logotipos bem específicos até embalagens atraentes.

Talentos Subjacentes à Fama : Esta figura não era apenas uma imagem bonita; ela possuía talentos reais. A lição aqui é que a fama sustentável não se trata apenas de uma imagem, mas também de uma entrega consistente de qualidade e valor genuíno. As marcas devem garantir que seus produtos ou serviços correspondam à imagem que projetam.

Resiliência e Persistência : Sua jornada foi repleta de desafios, mas ela nunca desistiu. A resiliência é uma lição importante para as marcas famosas. Eles podem enfrentar obstáculos, mas a determinação em permanecer fiel à sua visão e valores é o que os torna resilientes a longo prazo.

Mensagem Coerente : Ela manteve uma mensagem consistente ao longo de sua carreira, criando uma conexão emocional com o público. Da mesma forma, as marcas devem manter uma mensagem clara e consistente em todas as interações com os consumidores.

Um Legado Duradouro : Mesmo após sua partida, sua influência perdurou, tornando-se parte da cultura popular. Isso destaca como uma marca bem construída pode transcender o tempo e se tornar parte integrante da vida das pessoas.

Em resumo, a estratégia inovadora adotada por esta figura icônica do passado reflete as lições fundamentais do branding para marcas famosas. Vai além da superfície, envolve a criação de uma identidade autêntica, o cultivo de uma imagem poderosa e a entrega consistente de valor. Assim como essa figura se transformou em um ícone, as marcas famosas podem alcançar o estrelato mantendo-se fiéis a quem são e ao que representam.

Construindo Identidades Visuais Poderosas para Pessoas e Marcas

No cenário competitivo atual, a construção de uma identidade visual forte é fundamental para se destacar na multidão, seja como um indivíduo ou uma empresa. O branding é uma ferramenta que pode levar essa identidade a um nível superior. Neste livro, exploraremos como este conceito de identidade e branding pode ajudar a construir projetos de sucesso para pessoas e marcas, desvendando os fundamentos do branding e como aplicá-los a projetos individuais.

Para começar, é essencial compreender o que é branding. Sem dúvida, o branding é a criação de uma imagem única e suficiente que representa quem você é, suas idéias, valores e objetivos. Isso é alcançado através de elementos visuais, como logotipos, núcleos, fontes e design, bem como através de elementos emocionais, como a história que você conta e a experiência que você oferece. O branding é sobre como você é percebido pelo seu público.

Um dos primeiros passos para a construção de uma identidade visual é a definição da identidade de marca ou pessoal. No caso das marcas, isso envolve a definição de missão, visão, valores e posicionamento no mercado. No branding pessoal, é sobre descobrir quem você é, o que o motiva e como você deseja ser percebido. O livro fornecerá diretrizes para auxiliar na criação dessas identidades.

A consistência é fundamental no branding. As marcas bem-sucedidas mantêm uma mensagem visual e emocional coesa em todas as interações com seu público. Isso inclui uma escolha de cuidados de cores, tipografia e elementos gráficos que comunicam a essência da marca ou da pessoa. O livro irá explicar como escolher esses elementos com sabedoria e mantê-los consistentes.

Uma das características mais valiosas do branding é ser única. As pessoas e marcas que são genuínas em sua apresentação atraem um público mais leal. O livro abordará a importância de ser autêntico e construir relacionamentos significativos com o objetivo público.

O branding não é apenas sobre a teoria; é sobre a aplicação prática. O livro fornecerá estratégias passo a passo para implementar os conceitos aprendidos, incluindo como criar um logotipo, escolher núcleos que representam a identidade, desenvolver uma narrativa de marca e integrar a identidade visual em todos os aspectos da vida ou negócio.

Concluindo, um livro que explora o branding pode ser uma ferramenta poderosa para a construção de identidades visuais sólidas para pessoas e marcas. Compreender os fundamentos do branding, como identidade, consistência e peculiaridades, e aplicar os métodos estratégicos, pode levar a resultados significativos. Portanto, se você deseja se destacar na multidão e criar uma identidade visual específica, considere a importância do branding e como ele pode ser uma ferramenta transformadora para o seu sucesso.

BRANDING

A Diferença entre Branding Marketing e Logo

No mundo dos negócios e do marketing, termos como branding, marketing e logo são frequentemente usados, muitas vezes de forma intercambiável, o que pode gerar confusão sobre suas verdadeiras definições e funções. Vamos esclarecer a diferença entre esses conceitos fundamentais para que você possa compreender melhor como cada um deles contribui para o sucesso de uma empresa.

Branding: A Essência da Identidade da Marca

O branding é o processo estratégico de construção da identidade de uma marca. Envolve a definição da essência da empresa, incluindo sua missão, visão, valores e personalidade. O objetivo principal do branding é criar uma conexão emocional com o público-alvo, transmitindo a imagem que a marca deseja projetar.

O branding vai além dos elementos visuais, como logo e design. Ele influencia como a empresa se comunica, como seus funcionários agem e como ela é percebida pelo público. É a reputação e a percepção geral da marca no mercado. O branding bem-sucedido resulta em uma marca autêntica, relevante e memorável, que conquista a confiança e a fidelidade dos clientes.

Marketing: A Arte de Comunicar a Marca

O marketing, por sua vez, é o conjunto de estratégias e táticas utilizadas para promover a marca, seus produtos ou serviços, e alcançar os objetivos de negócio. Ele envolve o planejamento e execução de ações que visam aumentar a visibilidade da marca, atrair novos clientes, reter os clientes existentes e impulsionar as vendas.

As estratégias de marketing podem incluir campanhas publicitárias, ações nas redes sociais, eventos promocionais, marketing de conteúdo, entre outras. O marketing é fundamental para levar a mensagem da marca ao público-alvo e aumentar o reconhecimento e a visibilidade da empresa.

Logo: A Representação Visual da Marca

O logo é uma parte importante do branding, mas é apenas uma das manifestações visuais da identidade da marca. É uma representação gráfica da empresa, geralmente composta por símbolos, ícones, logotipos ou uma combinação deles. O logo tem a tarefa de sintetizar a personalidade da marca e criar uma identificação imediata com a empresa.

O logo é uma parte vital da identidade visual da marca, mas não é o único elemento. Uma identidade visual completa inclui elementos como cores, fontes, formas e outros elementos visuais que criam uma identidade coesa e reconhecível da marca.

Em suma, o branding é a essência da identidade da marca, o marketing é a forma como a marca se comunica e promove seus produtos e serviços, e o logo é a representação visual da marca. Cada um desses elementos desempenha um papel essencial no sucesso de uma empresa e trabalhar em harmonia é fundamental para criar uma marca forte, memorável e de valor para o público-alvo. Compreender a diferença entre esses conceitos é o primeiro passo para criar uma estratégia sólida de branding e marketing, destacando sua marca no mercado e conquistando o coração dos clientes.

Introdução ao Branding

No mundo dinâmico dos negócios, a construção de uma marca forte e bem-sucedida é um dos pilares fundamentais para o sucesso empresarial. Nesse contexto, o branding emerge como uma estratégia essencial para criar uma identidade única e impactante no mercado. Neste artigo, exploraremos a introdução ao branding, compreendendo o conceito por trás dessa prática e a sua importância para as empresas.

O que é Branding?

Branding é muito mais do que apenas um logotipo ou identidade visual. É o processo estratégico de criar e moldar a identidade de uma marca de forma consistente e autêntica. Vai além do aspecto visual e abrange os valores, a personalidade e a percepção que os consumidores têm da empresa.

Um branding eficaz envolve entender o público-alvo, sua cultura e desejos, e alinhar esses conhecimentos com os valores e a missão da empresa. Através dessa conexão profunda, o branding cria uma imagem única e duradoura no coração dos consumidores.

A Importância do Branding para as Empresas

Em um mercado competitivo, a diferenciação é essencial para se destacar. O branding permite que uma empresa se posicione de forma única e atraente, destacando-se entre os concorrentes e capturando a atenção do público-alvo.

O branding é uma ferramenta poderosa para criar conexões emocionais com os consumidores. Marcas que conseguem tocar os sentimentos e valores do público têm mais chances de conquistar lealdade e fidelidade.

Uma marca sólida e bem-construída transmite confiança e credibilidade aos consumidores. Eles se sentem mais confortáveis em fazer negócios com empresas que apresentam uma identidade bem definida e autêntica.

Uma marca forte é capaz de atrair novos clientes de forma orgânica. Quando uma marca é recomendada por outros ou ganha destaque na mídia, ela naturalmente atrai a atenção de novos consumidores.

Uma identidade de marca bem desenvolvida pode levar à lealdade dos clientes, fazendo com que eles retornem para comprar novamente. Clientes satisfeitos com a experiência de compra tendem a se tornar defensores da marca.

Uma marca bem-posicionada e com uma imagem positiva é capaz de criar um valor percebido maior em seus produtos ou serviços, permitindo que a empresa cobre preços mais competitivos.

Em resumo, a introdução ao branding revela que ele é uma poderosa estratégia para construir uma identidade de marca impactante e duradoura. O branding vai além da superfície visual e envolve a criação de uma conexão emocional com os consumidores, diferenciando-se da concorrência e transmitindo confiança e credibilidade.

Investir em branding é um passo fundamental para o sucesso de qualquer empresa, independentemente do seu porte ou segmento de atuação. Através do branding eficaz, as empresas têm a oportunidade de criar uma presença marcante no mercado e conquistar a lealdade de seus clientes, garantindo assim um futuro sólido e próspero

Os Elementos Visuais do Branding

No mundo do branding, a construção de uma identidade visual eficaz é uma peça-chave para o sucesso de uma marca. Os elementos visuais, como cores, formas e fontes, são fundamentais na transmissão da personalidade e dos valores da empresa.

Neste artigo, exploraremos como esses elementos visuais do branding podem criar uma conexão emocional com o público e estabelecer uma identidade forte e memorável.

Cores: O Poder das Emoções

As cores são um dos elementos visuais mais poderosos e impactantes do branding. Cada cor evoca diferentes emoções e associações.

Por exemplo:

O *vermelho* pode transmitir paixão, energia e urgência.
O *azul* pode evocar confiança, calma e seriedade.
O *verde* pode estar associado à natureza, saúde e sustentabilidade.
O *amarelo* pode transmitir alegria, otimismo e criatividade.

Ao escolher as cores para a identidade visual da marca, é importante considerar a mensagem que se deseja transmitir e como as cores podem refletir os valores e a personalidade da empresa.

Como as Combinações Visuais Elevam as Marcas

O mundo das marcas é um cenário onde elementos visuais ganham destaque essencial na construção de identidades memoráveis e reconhecíveis. Entre esses elementos, o poder extraordinário de comunicar mensagens e evocar emoções de forma instantânea. Ao longo dos anos, diversas marcas conquistaram o sucesso não apenas por seus produtos ou serviços, mas também pela maneira habilidosa como utilizaram a paleta de cores para cativar o público. Neste artigo, exploraremos como a combinação de cores se tornou uma ferramenta vital na construção de cases de sucesso em marcas.

As cores têm a capacidade de evocar sentimentos, memórias e associações, mesmo antes de uma única palavra ser dita. É a linguagem silenciosa que desperta respostas emocionais imediatas. Por exemplo, o vermelho pode simbolizar paixão e energia, enquanto o azul é frequentemente associado à confiança e à serenidade. A escolha de cuidados das cores permite que as marcas comuniquem sua personalidade, valores e até mesmo sua promessa em um olhar.

O Poder da Complementaridade

Um dos princípios-chave na construção da paleta de cores é uma noção de complementaridade. Uma combinação de cores que se situam em lados opostos do círculo cromático frequentemente resulta em contrastes visuais marcantes, que podem ser usados para atrair a atenção do público e criar um impacto duradouro. Pense na clássica combinação de amarelo e vermelho da marca

McDonald's, que imediatamente chama a atenção e se tornou instantaneamente reconhecível em todo o mundo.

Casos de Sucesso em Paletas de Cores

Coca-Cola: O uso do vermelho vibrante da Coca-Cola evoca energia, felicidade e celebração. O contraste entre o vermelho e o branco cria uma identidade visual icônica que transmite calor e familiaridade.

Apple: A paleta de cores minimalistas da Apple, principalmente o branco e o preto, reflete simplicidade, inovação e tolerância. Esses núcleos não apenas distinguem os produtos, mas também transmitem uma essência do design elegante da marca.

Starbucks: O verde da Starbucks é um exemplo de como uma cor pode evocar sensações específicas. Associado à natureza e ao frescor, o verde comunica a ideia de produtos naturais conectados com a identidade da marca.

Facebook: O azul do Facebook sugere confiança, conectividade e uma experiência online amigável. A paleta de cores também reforça o aspecto social da plataforma, criando uma sensação de pertencimento.

A combinação de cores é muito mais do que uma escolha estética nas estratégias de branding. É um poderoso meio de comunicação que se estende além das palavras, transmitindo emoções, personalidade e valores de uma marca. A paleta de cores é um componente essencial na criação de uma identidade visual duradoura e no estabelecimento de conexões emocionais com o público-alvo. Quando usada com sabedoria, a combinação de cores pode elevar a percepção da marca pelo consumidor.

Como a Combinação de Cores Influencia as Decisões de Compra do Consumidor

A tomada de decisão de compra é um processo complexo e multifacetado, influenciado por uma série de fatores conscientes e subconscientes. Entre esses fatores, uma combinação de cores desempenha um papel fundamental, exercendo uma influência sutil, mas poderosa, sobre as emoções e a percepção dos consumidores. Neste artigo, exploraremos profundamente a psicologia das cores e como sua combinação estratégica pode moldar as decisões de compra dos consumidores em relação a uma marca.

A Linguagem Emocional das Cores

As cores têm a capacidade de evocar emoções e sentimentos de maneira instantânea e profunda. Cada cor carrega consigo uma gama única de associações culturais, sociais e psicológicas, que são internalizadas pelo público ao longo do tempo. Por exemplo, o vermelho pode transmitir energia e poder, enquanto o azul transmite confiança e serenidade. Ao escolher as cores certas, as marcas podem alinhar suas mensagens emocionais com as instâncias desejadas.

A Combinatória das Emoções

Ao combinar cores, as marcas podem criar uma sinfonia de emoções que ressoam com os consumidores. A escolha de cores complementares ou contrastantes pode gerar efeitos visuais e emocionais marcantes. Por exemplo, uma marca que combina azul e amarelo pode transmitir uma sensação de equilíbrio entre confiança e otimismo. As cores também podem ser usadas para criar uma sensação de urgência, como o uso do vermelho e preto para promover descontos ou vendas.

Influência Cultural e Contextual

As semelhanças das cores variam entre diferentes culturas e contextos sociais. Por exemplo, o branco é frequentemente associado à pureza e simplicidade no Ocidente, mas pode ser interpretado como luto em algumas culturas asiáticas. Compreender o contexto cultural em que uma marca opera é essencial para garantir que os núcleos escolhidos evitem mal-entendidos ou recebidos negativamente.

Criação de Identidade e Reconhecimento de Marca

A combinação de cores é um componente essencial na criação da identidade visual de uma marca. Um esquema de cores coeso e consistente torna a marca instantaneamente reconhecível, estabelecendo uma conexão visual duradoura com os consumidores. A Coca-Cola, por exemplo, utiliza uma combinação icônica de vermelho e branco para criar uma identidade visual distintiva e saborosa.

Estudos de Caso de Sucesso

McDonald's: A combinação de amarelo e vermelho é usada para estimular o apetite e criar uma sensação de calor e acolhimento nas lanchonetes do McDonald's.

Apple: O uso de branco e preto pela Apple transmite simplicidade, elegância e inovação, reforçando sua posição como líder em design e tecnologia.

Heineken: O verde da Heineken evoca uma sensação de frescor e qualidade premium, tornando-a uma escolha popular em bebidas alcoólicas.

A combinação de cores é uma ferramenta poderosa que pode influenciar as emoções e sentimentos dos consumidores, desempenhando um papel importante nas decisões de compra.

Ao entender a psicologia das cores e escolher cuidadosamente a paleta certa, as marcas podem criar conexões emocionais mais profundas, melhorar a identificação da marca e influenciar positivamente as decisões dos consumidores.

A combinação de cores é uma linguagem silenciosa que fala diretamente ao coração dos consumidores, moldando suas escolhas e impulsionando o sucesso das marcas.

Formas
Expressando Identidade

No universo do branding, as formas de extrema importância na comunicação da identidade da marca. Elas têm o poder de evocar diferentes sentimentos e percepções, adicionando profundidade à personalidade da marca.

As formas, em particular, podem ser uma maneira eficaz de transmitir a mensagem certa. Quando se trata de escolher formas para representar uma marca, há duas categorias amplas que merecem destaque: formas arredondadas e suaves, e formas geométricas e angulares.

Formas arredondadas e suaves têm a capacidade de criar uma sensação de acolhimento, amizade e empatia. Elas são frequentemente associadas a curvas suaves e transições suaves, que podem lembrar as formas encontradas na natureza. Essas formas transmitem uma atmosfera calorosa e convidativa. Por exemplo, uma marca que se dedica a produtos infantis pode optar por incorporar essas formas em seu logotipo e design, a fim de criar uma atmosfera amigável e acolhedora que ressoe com os pais e cuidadores.

Por outro lado, formas geométricas e angulares tendem a transmitir uma sensação de modernidade, dinamismo e precisão. Elas são caracterizadas por linhas nítidas, ângulos definidos e simetria, criando uma estética mais sólida e robusta. Empresas de tecnologia, por exemplo, frequentemente recorrem a formas geométricas em seus logotipos e design para comunicar inovação, eficiência e sofisticação. Essas formas sugerem uma abordagem lógica e estruturada, o que é particularmente relevante em setores orientados para a tecnologia.

A Arte das Formas
Como a Atenção aos Elementos Visuais Impacta Cases de Sucesso em Marcas

No cenário dinâmico do branding, os elementos visuais são de extrema importância na criação de identidades de marcas distintas e memoráveis. Entre esses elementos, as formas têm o poder de comunicar mensagens e construir associações visuais que influenciem profundamente as afinidades dos consumidores. Neste artigo, mergulharemos no mundo das formas, explorando como sua atenção a esses elementos visuais pode definir cases de sucesso em marcas.

A Linguagem Universal das Formas:

As formas têm a capacidade de transcender barreiras culturais e linguísticas, transmitindo significados e sentimentos de maneira visual e instantânea. Uma forma simples, como um círculo, pode simbolizar união e inclusão, enquanto os ângulos paralelos podem sugerir dinamismo e inovação.

Ao escolher e manipular formas com cuidado, as marcas podem criar associações claras e impactantes que ressoam com o público.

Efeito Psicológico das Formas:

Assim como os núcleos, as formas têm um efeito psicológico profundo nas queixas dos consumidores. Formas arredondadas e suaves podem evocar sentimentos de calma e conforto, enquanto formas angulares e diamantes podem transmitir um senso de estrutura e modernidade. A Nike, por exemplo, utiliza a forma icônica do "swoosh" para transmitir movimento e dinamismo, refletindo sua mensagem de superação e conquista.

Criação de Identidade Visual Única:

A atenção às formas permite que as marcas criem identidades visuais únicas e distintivas. Ao escolher formas que se alinham com os valores e personalidade da marca, as empresas podem desenvolver uma linguagem visual que ressoa com o público-alvo. O McDonald's, com suas famosas arcadas douradas, é um exemplo de como uma forma simples pode se tornar instantaneamente reconhecível e associada a uma marca.

Formas e Setores de Mercado:

No campo do design de marcas, as formas ganham destaque estratégico na busca por alinhamento com setores de mercado específicos. A escolha das formas pode ajudar a marca a comunicar sua afinidade com determinados nichos e valores. Um exemplo disso é a preferência por formas orgânicas e fluidas, que tendem a se encaixar perfeitamente em marcas de bem-estar e produtos naturais. Essas formas lembram a suavidade encontrada na natureza, evocando uma sensação de saúde e equilíbrio.

Por outro lado, formas geométricas e precisas, que exibem um certo brilho de gemas, são frequentemente escolhidas por marcas de tecnologia e inovação. Essas formas transmitem uma estética moderna, eficiente e altamente sofisticada, características valorizadas no mundo da tecnologia. Um exemplo notável é a Apple, que é conhecida pelo seu design minimalista e formas receptivas. A empresa incorpora linhas limpas e precisas em seus produtos e logotipo, comunicando uma sensação de precisão, modernidade e inovação que ressoa com seu público.

Em resumo, as formas são de fundamental importância no branding, não apenas na comunicação da personalidade da marca, mas também na sintonia fina com setores de mercado específicos. A escolha consciente das formas pode ser uma estratégia poderosa para atrair o público-alvo certo e comunicar os valores e atributos relevantes para o sucesso da marca em seu mercado específico. Portanto, ao criar ou atualizar a identidade de uma marca, considerar cuidadosamente as formas é essencial para garantir a ressonância com o mercado desejado.

Estudos de Caso de Sucesso:

Twitter: A simplicidade do icônico pássaro do Twitter transmite a idéia de comunicação rápida e acessível, tornando-o uma das marcas de mídia social mais reconhecíveis.

BMW: A forma circular do emblema da BMW sugere movimento e dinamismo, refletindo a experiência de direção emocionante que a marca representa.

A atenção às formas é uma habilidade essencial na criação de identidades de marcas memoráveis e impactantes. As formas têm o poder de evocar emoções, criar associações e comunicar mensagens sutis que afetam a afinidade dos consumidores. Ao compreender a linguagem das formas e utilizá-las estrategicamente, as marcas podem criar identidades visuais distintas e construir cases de sucesso que ressoam com o público, estabelecendo conexões duradouras e impactantes. A arte das formas é um componente fundamental no mundo do branding, onde a união entre criatividade e estratégia resulta em marcas oficiais inesquecíveis.

PSICOLOGIA DAS FORMAS

amor
amizade
unidade.

comunidade
tranquilidade
calma

força
eficiência
profissionalismo

Fontes
Comunicando a Identidade da Marca

A escolha da fonte também desempenha um papel primordial na identidade visual da marca. Cada fonte possui uma personalidade própria e pode transmitir diferentes mensagens.

Fontes serifadas podem ser associadas a tradição, elegância e confiabilidade.

Fontes sans-serif são frequentemente usadas para criar uma aparência moderna, limpa e direta.

Fontes manuscritas podem comunicar uma sensação de autenticidade, criatividade e calor humano.

A fonte escolhida deve estar alinhada com a mensagem que a marca deseja transmitir e deve ser consistente em todos os materiais de comunicação.

Os elementos visuais do branding têm o poder de transmitir a personalidade, os valores e a essência da marca de forma visual e impactante. Cores, formas e fontes podem evocar emoções, criar associações e estabelecer uma conexão emocional com o público. Ao compreender o significado e a influência desses elementos, as empresas podem criar uma identidade visual consistente, autêntica e memorável, que ressoe com os consumidores e estabeleça uma presença forte e duradoura no mercado. Por meio de uma identidade visual bem definida, as marcas podem construir relacionamentos mais significativos com os clientes, criando uma base sólida para o sucesso e crescimento empresarial.

A Tipografia no Branding
Como as Fontes e Suas Características Influenciam as Decisões de Compra do Consumidor

No universo do branding, cada detalhe importa na formação de uma identidade de marca envolvente e impactante. Entre os muitos elementos visuais, a escolha da tipografia desempenha um papel de destaque na criação de emoções que moldam as decisões de compra dos consumidores. Sendo assim, exploraremos profundamente o efeito das fontes e suas características no processo de tomada de decisão de compra e como elas contribuem para o sucesso das marcas.

A Linguagem Invisível das Fontes:

Como fontes, muitas vezes chamadas de "tipos", são mais do que apenas letras organizadas; são uma forma de comunicação visual. Cada tipo de letra carrega consigo uma personalidade e uma mensagem distinta. Fontes clássicas e elegantes podem transmitir a experiência, enquanto fontes modernas e ousadas podem transmitir inovação. As marcas aproveitam essa linguagem invisível para criar associações emocionais e culturais que ressoam com os consumidores.

Efeito Psicológico das Fontes:

A escolha da tipografia tem um impacto psicológico profundo nas experiências dos consumidores. Fontes com serifa, por exemplo, podem sugerir tradição e confiabilidade, enquanto fontes sem serifa transmitem um toque de modernidade e simplicidade. A Coca-Cola utiliza a tipografia cursiva e elaborada para evocar nostalgia e sentimento, apelando às emoções e memórias do público.

Alinhamento com a Personalidade da Marca:

As fontes aparecem como alicerce na construção da personalidade da marca. A escolha da tipografia deve ser clara com os valores, a voz e a identidade da marca. Uma marca de luxo pode optar por fontes elegantes e refinadas para refletir seu posicionamento, enquanto uma marca jovem e divertida pode escolher fontes lúdicas e descontraídas. A Nike, por exemplo, utiliza uma fonte arrojada e dinâmica para transmitir sua mensagem de empoderamento e superação.

Criação de Coerência Visual:

A criação de coerência visual desempenha um papel vital na construção de identidades de marcas que se destacam e ressoam com os consumidores. Uma estratégia fundamental para alcançar essa coerência é a seleção de uma tipografia consistente em todos os pontos de contato da marca, que vão desde embalagens de produtos até presença nas mídias sociais.

Ao manter uma tipografia consistente, a marca cria uma experiência unificada para seus consumidores, onde a mensagem e a personalidade da marca são transmitidas de forma coesa e reconhecível. Isso ajuda a estabelecer uma conexão emocional e confiabilidade com o público, pois a familiaridade com a tipografia cria um senso de identificação e conforto.

Além disso, a escolha cuidadosa da tipografia também é primordial no que diz respeito a diferenciação de marcas concorrentes. Uma tipografia única e memorável pode tornar a marca instantaneamente reconhecível em meio a uma paisagem de mercado saturada.

Em resumo, a consistência na tipografia é uma ferramenta estratégica poderosa para a construção de identidades de marca sólidas. Ela não apenas cria uma experiência de marca coesa, mas também contribui para o reconhecimento imediato da marca, o que é essencial em um mundo repleto de opções de consumo. Portanto, ao desenvolver a identidade de uma marca, é fundamental considerar a tipografia como um elemento-chave para a criação de coerência visual e reconhecimento de marca.

Estudos de Caso de Sucesso:

Disney: A tipografia lúdica e encantadora da Disney evoca uma sensação de diversão e fantasia, reforçando sua imagem como um criador de momentos mágicos.

Amazon: A escolha da Amazon pela tipografia limpa e moderna comunica eficiência e facilidade de uso, alinhando-se com sua abordagem centrada no cliente.

A tipografia é uma ferramenta incrivelmente poderosa no vasto arsenal do branding, com a capacidade de moldar profundamente as emoções e as decisões de compra dos consumidores. A escolha cuidadosa das fontes e suas características específicas podem criar uma experiência visual que não apenas se alinha com a personalidade da marca, mas também estabelece conexões emocionais duradouras.

Ao compreender a linguagem sutil das fontes, as marcas têm a capacidade de influenciar positivamente o comportamento dos consumidores. Isso vai além de oferecer apenas produtos ou serviços; trata-se de criar experiências memoráveis e significativas que transcendem o simples ato de compra.

A tipografia é verdadeiramente uma forma de arte, uma que transforma palavras em imagens visuais. Essas imagens não só comunicam a mensagem da marca, mas também assumem destaque na formação das decisões de compra dos consumidores. A escolha de uma fonte pode evocar sentimentos de confiança, nostalgia, modernidade, entre outros, e essas emoções podem ser determinantes no sucesso de uma marca no mercado altamente competitivo.

Em resumo, a tipografia é uma ferramenta indispensável para as marcas, pois ela vai além das palavras escritas e se torna uma linguagem visual que influencia profundamente as percepções e decisões dos consumidores. É uma arte que transforma marcas comuns em experiências extraordinárias, definindo o sucesso e a longevidade de uma marca no mercado.

Missão, Visão, Valores e Proposta Única de Valor (PUV)

Definir a identidade da marca, abrangendo elementos como missão, visão e valores, representa o passo inicial e fundamental para a construção de uma base sólida no caminho do sucesso empresarial. Através dessa definição cuidadosa, a empresa estabelece sua razão de existir, delineia a direção que deseja seguir e estabelece os princípios que nortearão suas ações em todos os níveis da organização.

De maneira complementar, a Proposta Única de Valor (PUV) ganha destaque essencial na criação de uma imagem distintiva da marca e na sua diferenciação no competitivo mercado. Uma PUV clara e eficaz age como uma poderosa ferramenta de comunicação, transmitindo aos consumidores os benefícios únicos que a empresa oferece, criando conexões emocionais e impulsionando a lealdade dos clientes.

Quando uma identidade de marca bem definida se une a uma PUV impactante, a empresa se encontra em posição privilegiada para construir uma marca forte e duradoura no mercado. Essa combinação permite que a empresa se destaque, construa relacionamentos sólidos com os clientes e alcance um sucesso consistente e sustentável. É a base sobre a qual todas as ações e estratégias de branding são construídas, permitindo que a marca se mantenha relevante e significativa para seu público ao longo do tempo.

Missão:

A missão é o coração da empresa, é o que a define e o motivo pelo qual ela existe. Imagine-a como um propósito fundamental, uma declaração que responde à pergunta: "Por que estamos fazendo o que fazemos?" Uma missão bem definida serve como um guia que orienta todas as decisões e ações estratégicas da empresa. Ela é a âncora que mantém a empresa focada em seus objetivos e ajuda a comunicar o que ela oferece ao mundo.

Visão:

A visão é o horizonte distante que a empresa almeja alcançar. É uma imagem do futuro que deseja construir, uma aspiração de longo prazo que inspira e motiva todos os envolvidos, desde colaboradores até stakeholders. A visão é como um farol, iluminando o caminho adiante e fornecendo um senso claro de direção. É o sonho que impulsiona a empresa a buscar constantemente melhorias e a inovar para alcançar metas ambiciosas.

Valores:

Os valores são os princípios e crenças que guiam a cultura e o comportamento da empresa. São como os pilares que sustentam a organização. Esses valores definem como a empresa se relaciona com seus clientes, funcionários e parceiros, e também como ela toma decisões éticas. Valores sólidos ajudam a criar uma base sólida para a cultura empresarial, ajudando a construir a reputação da marca. Eles são os alicerces sobre os quais a empresa constrói sua integridade e imagem positiva.

A Proposta Única de Valor (PUV) e sua Importância

A Proposta Única de Valor (PUV) é uma mensagem breve e clara que explica o que faz a nossa empresa e o que vendemos serem especiais e valiosos para as pessoas que compram de nós. Em suma, responde à pergunta: "Por que é melhor escolher a nossa marca em vez de qualquer outra no mercado?"
A PUV é essencial para moldar a imagem da nossa marca por diversas razões importantes:

Diferenciação: Ajuda a destacar o que nos torna únicos em relação à concorrência. Mostra o que nos distingue e por que somos especiais.

Comunicação Eficaz: A PUV resume em poucas palavras os principais benefícios que a empresa oferece aos clientes. Essa clareza facilita a comunicação da proposta de valor, tornando-a mais compreensível e atraente para o público.

Atração: Atrai os clientes, pois eles conseguem perceber o valor que oferecemos de forma clara e convincente.

Lealdade: Uma PUV sólida cria conexões emocionais com os clientes, tornando-os mais propensos a escolher a nossa marca repetidamente.

Direção Estratégica: Ajuda a orientar as decisões da empresa, garantindo que todas as ações estejam alinhadas com o que fazemos de melhor.

Posicionamento: Define onde estamos no mercado, ajudando-nos a ocupar um lugar único na mente dos clientes.

Conexão com o Público alvo: A PUV é elaborada com base nas necessidades e desejos do público-alvo. Quando a proposta ressoa com o cliente ideal, isso cria uma conexão emocional e estabelece uma relação mais significativa entre a marca e o consumidor.

Reputação e Confiança: Uma PUV bem definida e cumprida pela empresa ajuda a construir uma reputação sólida e a ganhar a confiança dos clientes. Isso leva à fidelização e recomendação da marca.

A PUV é uma ferramenta essencial para a nossa marca, pois ajuda a explicar por que somos a escolha certa para os clientes e a construir uma imagem forte e memorável no mercado. É como a nossa "mensagem secreta" que nos diferencia e nos torna atraentes para quem compra de nós.

Exemplos de Propostas Únicas de Valor

Volvo: "A Volvo é a marca de carros mais segura do mundo." Nesse exemplo, a Volvo destaca a segurança como seu principal atributo, prometendo aos clientes que seus carros são projetados para proporcionar a máxima proteção.

Uber: "Transporte rápido e confiável ao toque de um botão." O Uber destaca a conveniência e a facilidade de uso de seu aplicativo, enfatizando o acesso rápido e confiável ao transporte.

Apple: "Design elegante e inovação tecnológica." A Apple comunica seu foco em design e inovação, atraindo consumidores que valorizam produtos bem projetados e tecnologicamente avançados.

A Proposta Única de Valor é uma ferramenta poderosa para diferenciar uma marca e conquistar o interesse e a preferência dos consumidores. Ao comunicar claramente os benefícios exclusivos e relevantes que uma oferta proporciona, a empresa pode estabelecer uma vantagem competitiva significativa no mercado.

A Proposta Única de Valor (PUV), também conhecida como Unique Selling Proposition (USP) em inglês, é um conceito importante no marketing e na estratégia de negócios. Refere-se a uma declaração clara e concisa que descreve o benefício exclusivo e diferenciado que um produto, serviço ou marca oferece aos clientes em comparação com os concorrentes.

A PUV é uma promessa específica que destaca os pontos fortes da empresa e responde à pergunta fundamental na mente do consumidor: "Por que eu deveria comprar de você e não de outra empresa?" Ela comunica os aspectos únicos e valiosos que tornam uma oferta especial e convincente para os consumidores.

Uma proposta única de valor eficaz deve ser clara, relevante, mensurável e sustentável. Ela deve se concentrar em um ou alguns atributos-chave que são relevantes para o público-alvo e que resolvem um problema ou atendem a uma necessidade.

ARQUÉTIPOS

Arquétipos
A Comunicação Poderosa das Imagens

As imagens têm um poder singular de se comunicar com nosso cérebro de uma maneira única e profunda. Enquanto o cérebro processa palavras de forma lógica, as imagens evocam emoções, memórias e conexões inconscientes. Essa capacidade intrínseca das imagens de ativar respostas emocionais e cognitivas tem sido amplamente explorada no campo do branding e design de logos de marcas. Neste artigo, examinaremos como as imagens se comunicam com nosso cérebro e a funcionalidade dos arquétipos na construção de identidades de marca impactantes.

O Poder da Comunicação Visual

Desde os primórdios da humanidade, as imagens têm sido fundamentais na comunicação. Antes mesmo da escrita, nossos ancestrais pintavam nas cavernas, transmitindo suas histórias e conhecimentos por meio de imagens. Hoje, na era digital, as imagens continuam sendo uma ferramenta essencial para transmitir mensagens complexas e emocionais.

Estudos científicos revelam que nosso cérebro processa imagens muito mais rapidamente do que palavras, tornando a comunicação visual extremamente eficaz. As imagens são processadas em áreas do cérebro responsáveis por emoções e memórias, gerando uma resposta mais intuitiva e emocional do público.

As Chaves para o Subconsciente

Os arquétipos são modelos universais de pensamentos, símbolos e comportamentos que se repetem ao longo da história da humanidade.

Eles residem no inconsciente coletivo, transcendendo culturas e tempos. O psicólogo suíço Carl Gustav Jung foi quem cunhou esse termo, acreditando que esses padrões universais têm um papel importante na formação de nossa psique.

No branding e no design de logos, os arquétipos são utilizados para criar conexões profundas com o público-alvo. Cada arquétipo possui características específicas e desencadeia respostas emocionais particulares.

Por exemplo:

Herói: Representa o desejo de superar obstáculos e vencer desafios, apelando para a aspiração e conquista.

Inocente: Evoca pureza, simplicidade e otimismo, trazendo uma sensação de segurança e esperança.

Sábio: Associado à sabedoria, conhecimento e confiança, transmitindo autoridade e confiabilidade.

A Integração de Arquétipos em Branding e Logos

Ao criar uma identidade de marca impactante, é crucial identificar o arquétipo mais adequado para representar a essência da empresa e atrair o público desejado. Uma vez definido o arquétipo, elementos visuais como cores, formas e símbolos são selecionados para evocar a mensagem desejada.

Por exemplo, uma marca que deseja transmitir um senso de aventura e coragem pode incorporar elementos relacionados ao arquétipo do Herói, como um logotipo com cores vibrantes e símbolos de superação. Por outro lado, uma marca que busca transmitir confiabilidade e sabedoria pode adotar elementos associados ao arquétipo do Sábio, como uma paleta de cores mais sóbria e um design mais tradicional.

Arquétipos e Branding

O branding é o processo de construção e gestão da identidade de uma marca. É a forma como uma empresa ou produto é percebido pelos consumidores, o que engloba sua personalidade, valores e propósito. Os arquétipos desempenham um papel significativo nesse processo, uma vez que se conectam diretamente ao inconsciente coletivo, proporcionando uma conexão emocional e intuitiva com o público.

Ao identificar e associar um arquétipo específico à marca, é possível criar uma narrativa consistente e relevante que ressoe com o público-alvo. Essa identificação permite que a marca assuma características humanas, o que facilita a conexão emocional e a construção de um relacionamento duradouro com os consumidores.

Arquétipos e Marketing

No marketing, o conhecimento dos arquétipos pode ser utilizado para criar campanhas publicitárias mais eficazes. Ao alinhar a comunicação da marca com um arquétipo específico, é possível atingir um grupo específico de consumidores que se identificam com as características simbólicas representadas por esse arquétipo. Essa estratégia torna a mensagem da marca mais persuasiva e memorável, pois fala diretamente aos desejos, valores e aspirações do público.

Arquétipos e Logo

O logo é um elemento essencial da identidade visual de uma marca. Ao criar um logo, é importante considerar os arquétipos que melhor representam a essência e a proposta da marca. Cada arquétipo possui atributos e associações específicas, e o uso desses elementos simbólicos no design do logo pode ajudar a comunicar visualmente a personalidade da marca.

Principais Arquétipos e Suas Definições

Herói: Corajoso, determinado e voltado para a superação de desafios.

Inocente: Busca a felicidade, é otimista e sincero.

Sábio: Busca a verdade e o conhecimento.

Explorador: Aventureiro, busca a liberdade e a auto descoberta.

Rebelde: É ousado e irreverente.

Amante: Sensual, apaixonado e busca a intimidade.

Criador: Focado na criatividade, na inovação e no desejo de mudança.

Cuidador: Preocupado com o bem-estar dos outros, compassivo e altruísta

Governante: Poderoso, líder, busca o controle e a ordem.

Artista: Expressivo, imaginativo e em busca de auto expressão.

Bobo da Corte: Divertido, irreverente e brincalhão.

Mago: Transformador, misterioso e em busca de mudanças profundas.

Os arquétipos se tornam de importância fundamental no processo de branding, marketing e design de logos, pois proporcionam uma conexão emocional e simbólica com o público.

Ao entender os padrões universais que compõem o inconsciente coletivo, as marcas podem criar narrativas poderosas e consistentes que ressoem com seus clientes, fortalecendo o relacionamento e impulsionando o sucesso da empresa.

A incorporação consciente dos arquétipos no processo de criação de branding e marketing é uma estratégia eficaz para garantir que a mensagem da marca seja transmitida de forma impactante e memorável.

As Vantagens da Associação de Arquétipos para o Sucesso Empresarial

As marcas modernas enfrentam um cenário altamente competitivo, onde é essencial se destacar e criar conexões emocionais com os clientes.

Uma estratégia eficaz é associar um arquétipo à imagem e ao logo da marca. Os arquétipos são símbolos universais presentes no inconsciente coletivo, e utilizá-los pode trazer diversas vantagens para o sucesso empresarial.

Neste artigo, exploraremos as vantagens dessa associação poderosa.

Criação de Identidade e Personalidade

Ao associar um arquétipo à marca, é possível dar-lhe uma identidade e personalidade distintas. Cada arquétipo representa traços e características únicas que podem ser transmitidas por meio da imagem e do logo da marca. Por exemplo, um arquétipo de "Herói" pode expressar coragem, determinação e liderança, enquanto um arquétipo de "Cuidador" pode transmitir empatia, generosidade e acolhimento. Essa identidade bem definida cria uma conexão emocional com o público, permitindo que os consumidores se identifiquem com a marca e a prefiram em suas escolhas.

Facilitação da Comunicação e Mensagem da Marca

Os arquétipos têm um apelo universal e são compreendidos independentemente de barreiras culturais ou linguísticas. Ao associar um arquétipo à imagem e ao logo da marca, a mensagem da empresa se torna mais clara e fácil de ser compreendida pelo público. Isso facilita a comunicação e a transmissão dos valores e propósitos da marca, fortalecendo sua posição no mercado.

Estabelecimento de Confiança e Credibilidade

A associação de um arquétipo positivo à marca pode ajudar a estabelecer confiança e credibilidade junto aos consumidores. Arquétipos como "Sábio" e "Mentor" são frequentemente associados a marcas que buscam transmitir conhecimento, autoridade e confiabilidade. Ao verem a marca como uma figura confiável e sábia, os clientes se sentirão mais seguros ao fazer negócios com ela.

Consistência e Reconhecimento da Marca

A utilização de um arquétipo na imagem e logo da marca também ajuda a criar consistência em toda a comunicação e marketing da empresa. A repetição do arquétipo em campanhas, materiais de divulgação e redes sociais reforça a identidade da marca e contribui para o reconhecimento por parte dos consumidores. Essa consistência ajuda a construir uma lembrança mais forte e duradoura da marca na mente do público.

Diferenciação no Mercado

Associar um arquétipo à marca pode ajudar a diferenciá-la da concorrência. Ao criar uma identidade única e cativante, a empresa se destaca em meio a outras marcas que podem oferecer produtos ou serviços semelhantes. Isso proporciona uma vantagem competitiva, atraindo e fidelizando mais clientes.

Em um mundo cada vez mais competitivo, associar um arquétipo à imagem e logo da marca pode ser uma estratégia poderosa para o sucesso empresarial. Essa associação cria uma identidade distinta, facilita a comunicação, estabelece confiança e credibilidade, proporciona consistência e reconhecimento da marca e diferencia a empresa no mercado. Ao compreender as vantagens dessa abordagem, as marcas podem fortalecer seu posicionamento e construir conexões emocionais duradouras com o público, impulsionando assim seu crescimento e sucesso no longo prazo.

Estratégias para Aplicação em Branding, Marketing e Logo

Os arquétipos de marca ganham destaque essencial na criação de uma identidade forte e impactante para uma empresa.cada arquétipo representa uma série de características e valores específicos que podem ser utilizados para construir uma narrativa consistente e ressonante com o público-alvo.

Neste artigo, exploraremos os principais arquétipos de marca e apresentaremos um modelo de estratégia para aplicá-los no processo de criação de branding, marketing e logo.

Arquétipo do Herói

Características: Corajoso, determinado, voltado para a superação de desafios.

Estratégia de Branding: Posicione a marca como uma solução para os desafios enfrentados pelos clientes. Conte histórias de superação e vitória para inspirar o público.

Estratégia de Marketing: Destaque a superioridade do produto ou serviço em relação à concorrência. Utilize mensagens de empoderamento e motivação para atrair o público.

Estratégia de Logo: Crie um logotipo que transmita força e determinação, com elementos que remetam à idéia de superação.

Arquétipo do Inocente

Características: Busca a felicidade, é otimista e sincero.

Estratégia de Branding: Posicione a marca como um símbolo de esperança e pureza. Transmita confiança e segurança ao público.

Estratégia de Marketing: Utilize mensagens que ressaltem a simplicidade e a autenticidade do produto ou serviço. Crie campanhas que tragam à tona emoções positivas.

Estratégia de Logo: Crie um logotipo leve e delicado, com cores suaves que inspirem paz e harmonia.

Arquétipo do Sábio

Características: Busca a verdade e o conhecimento.

Estratégia de Branding: Posicione a marca como uma autoridade no setor. Ofereça conteúdo educativo e informativo.

Estratégia de Marketing: Utilize mensagens que enfatizem a qualidade e a expertise da marca. Foque em públicos mais instruídos e intelectualmente curiosos.

Estratégia de Logo: Crie um logotipo sofisticado e elegante, com elementos que transmitam conhecimento e sabedoria.

Arquétipo do Explorador

Características: Aventureiro, busca a liberdade e a auto descoberta.

Estratégia de Branding: Posicione a marca como uma facilitadora de experiências únicas e inovadoras.

Estratégia de Marketing: Utilize mensagens que enfatizem a liberdade e a aventura proporcionadas pelo produto ou serviço.

Estratégia de Logo: Crie um logotipo dinâmico e ousado, com elementos que remetam à ideia de exploração.

Arquétipo do Rebelde

Características: Rompe com o status quo, é ousado e irreverente.

Estratégia de Branding: Posicione a marca como uma quebra de paradigmas, desafiando as normas estabelecidas.

Estratégia de Marketing: Utilize mensagens provocativas e polêmicas para chamar a atenção.

Estratégia de Logo: Crie um logotipo impactante e disruptivo, com elementos que transmitam rebeldia.

Arquétipo do Amante

Características: Sensual, apaixonado e busca a intimidade.

Estratégia de Branding: Posicione a marca como uma que desperta paixão e emoção.

Estratégia de Marketing: Utilize mensagens que estimulem os sentidos e criem uma conexão emocional com o público.

Estratégia de Logo: Crie um logotipo sedutor e envolvente, com elementos que remetam à idéia de intimidade.

Arquétipo do Criador

Características: Focado na criatividade, na inovação e no desejo de mudança.
Estratégia de Branding: Posicione a marca como uma pioneira e inovadora no mercado.
Estratégia de Marketing: Utilize mensagens que enfatizem a originalidade e a criatividade.
Estratégia de Logo: Crie um logotipo único e inventivo, com elementos que transmitam criatividade.

Arquétipo do Cuidador

Características: Preocupado com o bem-estar dos outros, compassivo e altruísta.

Estratégia de Branding: Posicione a marca como uma que se preocupa genuinamente com o bem-estar dos clientes.
Estratégia de Marketing: Utilize mensagens que demonstrem o compromisso da marca em ajudar os outros.
Estratégia de Logo: Crie um logotipo acolhedor e solidário, com elementos que remetam à idéia de cuidado.

Arquétipo do Governante

Características: Poderoso, líder, busca o controle e a ordem.

Estratégia de Branding: Posicione a marca como uma líder em seu setor, sinônimo de qualidade e confiança.

Estratégia de Marketing: Utilize mensagens que demonstrem a autoridade e o poder da marca.

Estratégia de Logo: Crie um logotipo imponente e elegante, com elementos que transmitam liderança.

Arquétipo do Artista

Características: Expressivo, imaginativo e em busca de auto expressão.

Estratégia de Branding: Posicione a marca como uma que valoriza a criatividade e a auto expressão.

Estratégia de Marketing: Utilize mensagens que inspirem a imaginação e a expressão individual.

Estratégia de Logo: Crie um logotipo artístico e expressivo, com elementos que transmitam criatividade.

Arquétipo do Bobo da Corte

Características: Divertido, irreverente e brincalhão.

Estratégia de Branding: Posicione a marca como uma que traz alegria e diversão para a vida das pessoas.

Estratégia de Marketing: Utilize mensagens bem-humoradas e descontraídas para atrair o público.

Estratégia de Logo: Crie um logotipo divertido e lúdico, com elementos que transmitam alegria.

Arquétipo do Mago

Características: Transformador, misterioso e em busca de mudanças profundas.

Estratégia de Branding: Posicione a marca como uma que oferece soluções inovadoras e transformadoras.
Estratégia de Marketing: Utilize mensagens que despertem a curiosidade e o interesse do público.
Estratégia de Logo: Crie um logotipo misterioso e intrigante, com elementos que remetam à idéia de magia.

A aplicação dos arquétipos de marca no processo de criação de branding, marketing e logo pode ser uma estratégia poderosa para criar uma conexão emocional e significativa com o público-alvo.

Ao compreender as características e os valores associados a cada arquétipo, as marcas podem criar narrativas consistentes e campanhas eficazes que ressoem com seus clientes. Além disso, o uso consciente dos elementos simbólicos no design do logo pode fortalecer a identidade visual da marca e torná-la facilmente reconhecível e memorável para o público.

A escolha cuidadosa do arquétipo certo pode ser um diferencial para o sucesso de uma marca no mercado competitivo atual.

Logotipo e Logomarca

Entendendo a Diferença e Sua Importância na Comunicação Visual

No mundo do design e da comunicação visual, termos como "logotipo" e "logomarca" são amplamente utilizados, muitas vezes de forma intercambiável. No entanto, eles têm significados distintos e compreender suas diferenças é essencial para desenvolver uma estratégia eficaz de identidade de marca. Neste artigo, exploraremos detalhadamente o que são logotipo e logomarca, bem como sua importância na comunicação visual das empresas.

O que é um Logotipo?
Um logotipo é uma representação gráfica da marca ou empresa, geralmente composto por um símbolo, ícone ou tipografia única. É uma forma simplificada e visualmente impactante de identificar e diferenciar uma marca no mercado. O logotipo deve ser simples, memorável e facilmente reconhecível, tornando-se uma representação icônica da empresa.

O que é uma Logomarca?
A logomarca é uma combinação dos termos "logo" (logotipo) e "marca", sendo utilizada para designar a apresentação visual completa da identidade de uma empresa. Diferente do logotipo isolado, a logomarca inclui o logotipo propriamente dito, bem como o nome da empresa ou marca escrito de forma estilizada. Essa combinação cria uma identidade visual coesa e integrada.

A Importância na Comunicação Visual

Tanto o logotipo quanto a logomarca são elementos fundamentais na comunicação visual das empresas e desempenham papéis cruciais no posicionamento da marca. Vejamos a importância de cada um:

Logotipo:

Identidade Visual Distinta: Um logotipo único e bem projetado ajuda a empresa a se destacar da concorrência e ser prontamente identificada pelos consumidores.

Memorabilidade: Logotipos simples e memoráveis criam uma conexão instantânea com o público, tornando-se mais fáceis de lembrar e reconhecer.

Credibilidade e Profissionalismo: Um logotipo bem-executado transmite uma imagem de profissionalismo e credibilidade para o público, gerando confiança na marca.

Flexibilidade: Logotipos bem projetados podem ser facilmente adaptados para diferentes formatos e plataformas, como redes sociais, materiais impressos, sites, entre outros.

Logomarca:

Coerência Visual: A logomarca garante que a identidade visual da empresa seja coesa e consistente em todos os pontos de contato com o público.

Comunicação Ampliada: A inclusão do nome da empresa na logomarca possibilita a comunicação direta do nome da marca ao público, reforçando o reconhecimento e a memorização.

Fortalecimento da Marca: A logomarca ajuda a fortalecer a presença da marca ao criar uma imagem unificada e consistente, estabelecendo uma conexão emocional com os consumidores.

Diferenciação e Posicionamento: Uma logomarca bem concebida auxilia na criação de uma identidade única, permitindo à empresa se posicionar estrategicamente no mercado.

O logotipo e a logomarca são peças fundamentais na comunicação visual de uma empresa. Eles são como a face da marca e protagonizam o papel na construção do seu reconhecimento, credibilidade e diferenciação no mercado.

Um logotipo simples, fácil de lembrar e impactante pode se tornar um dos principais trunfos de uma marca. Isso acontece porque ele cria uma conexão emocional com os consumidores e se transforma em um símbolo duradouro da presença da marca no mercado.

Por outro lado, a logomarca age como um uniforme que a marca veste, garantindo uma aparência consistente em todas as interações com o público. Isso reforça sua identidade visual e fortalece sua presença no mercado.

Juntos, esses elementos formam a base de uma estratégia eficaz de branding e comunicação visual bem-sucedida. Eles são as ferramentas essenciais para contar a história da empresa de maneira visual e memorável, conquistando a confiança e a fidelidade dos clientes.

Logo
Origem e definição

O termo "logo" tem origem na língua grega, mais especificamente na palavra "logos" (λόγος). Na filosofia grega antiga, "logos" tinha significados diversos, mas geralmente era associado ao princípio da razão, do conhecimento e da palavra. Era um termo de grande importância para filósofos como Heráclito e Platão, que o utilizavam para expressar conceitos abstratos e fundamentais relacionados à ordem e à lógica do mundo.

Ao longo do tempo, o termo "logos" foi sendo utilizado em diferentes contextos, mantendo sua associação com o conceito de razão, conhecimento e discurso. Na linguagem contemporânea, a palavra "logo" passou a ser amplamente utilizada para se referir a um símbolo ou emblema gráfico que representa uma empresa, marca, produto ou serviço. Esse uso deriva da idéia de que um logotipo é uma forma simbólica de comunicação que representa e expressa visualmente a essência e os valores de uma marca de maneira lógica e significativa. O termo "logo" se tornou comum no mundo do design gráfico e da publicidade, e é amplamente usado para se referir a identidades visuais e marcas.

A Importância do Logo

O Universo do Negócio e a Apresentação da Marca
Em um mercado altamente competitivo e saturado de informações, a criação de uma marca sólida e memorável é essencial para o sucesso de qualquer negócio. Nesse

contexto, o logo desempenha um papel fundamental, sendo um elemento-chave na construção da identidade da empresa e na apresentação da marca ao mundo. Neste artigo, exploraremos a importância do logo no universo do negócio e sua relevância na apresentação da marca.

Identidade e Reconhecimento

O logo é o rosto da empresa, é o símbolo que a identifica visualmente no mercado. Ele é a primeira impressão que os consumidores têm da marca e pode ser a chave para o reconhecimento imediato. Um logo bem projetado e consistente reforça a identidade da marca, tornando-a facilmente identificável em meio a outras empresas e criando uma presença forte e memorável no universo do negócio.

Transmissão de Valores e Personalidade

Um bom logo não é apenas uma representação gráfica da marca, mas também uma forma de transmitir seus valores e personalidade. Cada cor, forma e fonte escolhidas para compor o logo carregam significados e sentimentos que influenciam a percepção da empresa pelos consumidores. Por exemplo, cores vivas podem evocar energia e entusiasmo, enquanto formas arredondadas podem transmitir sensações de acolhimento e confiança. O logo, portanto, é uma oportunidade para comunicar a essência da marca de forma visual e impactante.

Diferenciação no Mercado

Em meio a um mercado repleto de concorrentes, é fundamental que uma empresa se destaque e seja facilmente lembrada pelos clientes. O logo se destaca nesse processo, pois é uma forma de diferenciação

Um logo único e cativante pode chamar a atenção do público, tornando-se uma referência em sua mente. Através da diferenciação visual, a marca pode se destacar em meio a outras e criar um senso de familiaridade e confiança com os consumidores.

Consistência e Profissionalismo

A consistência é uma das chaves para o sucesso de uma marca. O logo é um elemento que deve ser utilizado de forma consistente em todos os materiais de comunicação e marketing da empresa, desde cartões de visita até websites e campanhas publicitárias. Essa consistência transmite profissionalismo e coesão, construindo uma imagem sólida e confiável no mercado.

Memória e Lealdade

Um logotipo bem concebido tem o poder de se transformar em um símbolo altamente impactante na mente dos consumidores, gerando memórias emocionais e sentimentos positivos profundamente associados à marca. Essas memórias podem evoluir para uma lealdade sólida à empresa, resultando na preferência contínua por seus produtos e serviços.

O logotipo, portanto, não é apenas uma ferramenta poderosa, mas também um ponto de partida essencial na construção de relacionamentos duradouros com os consumidores.

No contexto empresarial, a relevância do logotipo é inquestionável. Ele serve como a pedra fundamental para a construção da identidade da marca, transmitindo seus valores e personalidade distintos, diferenciando-se no mercado e garantindo consistência e profissionalismo em todas as interações com os consumidores.

Investir em um logotipo meticulosamente planejado e alinhado com a essência da empresa representa uma estratégia inteligente e indispensável para o sucesso nos negócios.

O logotipo não é apenas uma imagem visualmente agradável, mas sim o ponto de partida para uma jornada que pode marcar o início de uma história de reconhecimento sólido e confiança no mercado. Portanto, a escolha e o desenvolvimento criteriosos de um logotipo são o primeiro passo fundamental na construção de relacionamentos duradouros com os consumidores e na criação de uma marca de sucesso.

O Papel do Logo na Identidade de Marca

A Importância do Símbolo Central na Comunicação Quando pensamos em marcas reconhecidas, um elemento que imediatamente nos vem à mente é o logo. O logo é o símbolo central da identidade de uma marca e desempenha um papel fundamental na comunicação com o público. Neste artigo, exploraremos o papel essencial do logo na identidade de marca, destacando sua importância como um elemento central e como um logo bem projetado pode transmitir a mensagem certa e criar uma identificação instantânea com a marca.

O Logo: A Essência Visual da Marca

O logo é a representação visual única da marca, muitas vezes composto por símbolos, imagens, texto e cores distintas. Ele é a face pública da empresa e é usado em todas as interações com o público, desde embalagens de produtos até campanhas de marketing e mídias sociais. É o primeiro contato que o cliente tem com a marca, tornando-se essencial na formação da percepção inicial e na criação de uma identificação memorável.

A Importância do Logo na Identidade de Marca

Identificação Instantânea: Um logo bem projetado cria uma identificação instantânea com a marca. Ele permite que o público reconheça a empresa em um piscar de olhos, mesmo em meio a um mar de concorrentes. Um logo icônico é uma ferramenta poderosa para capturar a atenção do público e deixar uma impressão duradoura.

Transmissão de Valores e Personalidade: O logo não é apenas uma imagem bonita, mas uma representação visual dos valores, personalidade e propósito da marca. As cores, formas e elementos visuais do logo são cuidadosamente escolhidos para refletir a essência da empresa. Um logo bem pensado transmite uma mensagem sutil, porém significativa, sobre a marca.

Consistência e Reconhecimento: O logo fornece consistência visual em todas as plataformas e materiais de comunicação da marca. Esse reconhecimento consistente é essencial para estabelecer uma presença forte e construir uma base de clientes fiéis.

Credibilidade e Profissionalismo: Um logo bem projetado aumenta a credibilidade da marca. Ele comunica que a empresa é profissional, confiável e leva a sério o seu negócio. Um logo amador ou mal projetado pode ter o efeito oposto, transmitindo uma imagem negativa da empresa.

Criando um Logo Impactante

Ao criar um logo, é fundamental considerar a mensagem que se deseja transmitir e o público-alvo da marca. Cada elemento do logo, desde a escolha das cores até o estilo da fonte, deve estar alinhado com a identidade e personalidade da empresa. Um logo simples, memorável e versátil tem mais chances de ser bem-sucedido, pois pode ser facilmente reconhecido e aplicado em diferentes contextos.

O logo é um dos elementos mais cruciais na identidade de marca, desempenhando um papel fundamental na comunicação e na criação de uma identificação imediata com o público.

Um logo bem projetado transmite os valores e a personalidade da marca, aumenta o reconhecimento e a credibilidade e cria uma conexão emocional com os consumidores. Ao investir tempo e esforço na criação de um logo impactante, as empresas têm a oportunidade de construir uma identidade visual memorável e duradoura, fortalecendo sua presença no mercado e garantindo uma posição de destaque perante os concorrentes.

Design de Logo Eficiente

Orientações para Criar uma Identidade Visual Impactante
O design de logo é um dos elementos mais importantes na construção de uma identidade visual eficiente para uma marca. Um logo bem projetado tem o poder de transmitir a mensagem certa, criar uma identificação instantânea com a empresa e deixar uma impressão duradoura nos consumidores. Neste artigo, forneceremos orientações essenciais para criar um design de logo eficiente, incluindo dicas de design, escolha de cores e a importância de um logo versátil e escalável.

Dicas de Design para um Logo Eficiente

Simplicidade: Um logo simples é mais memorável e fácil de ser reconhecido. Evite excesso de detalhes ou elementos complicados que possam confundir o público. Um design limpo e claro tem mais chances de causar impacto.

Originalidade: Busque criar um logo único e original, que se destaque entre a concorrência. Evite utilizar clichês ou tendências passageiras que podem tornar o logo datado no futuro.

Relevância: O logo deve ser relevante e refletir a essência da marca. Considere a missão, valores e personalidade da empresa ao criar o design.

Adaptabilidade: Certifique-se de que o logo funcione bem em diferentes tamanhos e formatos. Ele deve ser igualmente legível em uma embalagem de produto pequena ou em um grande outdoor.

Escolha de Cores para o Logo

Psicologia das Cores: Entenda a psicologia das cores e como diferentes tonalidades podem evocar emoções e associações específicas. Por exemplo, azul pode transmitir confiança, verde está relacionado à natureza e crescimento, e vermelho pode evocar paixão e energia.

Consistência da Marca: Escolha cores que estejam alinhadas com a identidade visual da marca. A consistência nas cores ajuda a construir uma percepção coesa da empresa.

Cores em Preto e Branco: Certifique-se de que o logo funcione bem em preto e branco, pois pode ser necessário reproduzi-lo em materiais que não permitem o uso de cores.

A Importância de um Logo Versátil e Escalável

Versatilidade: O logo deve funcionar em diferentes contextos, desde materiais impressos até mídias digitais. Certifique-se de que ele seja legível e reconhecível em diferentes tamanhos e resoluções.

Aplicações Diversas: O logo pode ser aplicado em diversos materiais de comunicação, como cartões de visita, sites, redes sociais, banners e embalagens de produtos. Certifique-se de que ele seja adaptável a diferentes formatos.

Facilidade de Reprodução: Um logo escalável pode ser reproduzido sem perda de qualidade em diferentes tamanhos, garantindo que ele permaneça nítido e claro em qualquer aplicação.

O design de logo eficiente é essencial para criar uma identidade visual impactante e memorável para uma marca. Seguindo as orientações de design, escolhendo cores adequadas e criando um logo versátil e escalável, as empresas podem construir uma identidade visual que se destaque na concorrência, comunique a essência da marca e estabeleça uma conexão emocional com os consumidores. Um logo bem projetado é um investimento valioso, capaz de fortalecer a presença da marca no mercado e garantir um posicionamento sólido e distintivo perante os clientes.

REGISTRO DE MARCA

A Importância da Proteção e Registro do Logo
Salvaguardando o Valor da Marca

O logo de uma marca é muito mais do que uma simples imagem; é um símbolo que representa a essência, os valores e a reputação da empresa. Para garantir a segurança e a exclusividade do logo, bem como a preservação do valor da marca, é essencial protegê-lo através do registro de propriedade intelectual, como marcas registradas. Neste artigo, exploraremos a importância da proteção e registro do logo, destacando os benefícios e as razões para salvaguardar esse ativo intangível.

A Proteção como Patrimônio da Marca

Exclusividade de Uso: O registro do logo como marca garante o direito exclusivo de utilizá-lo em produtos e serviços relacionados à empresa. Isso impede que concorrentes se apropriem do logo ou o utilizem de forma inadequada, protegendo a identidade visual da marca.
Investimento Seguro: Um logo bem projetado e consolidado ao longo do tempo pode se tornar um ativo valioso para a empresa. Ao protegê-lo como marca registrada, a empresa investe em um patrimônio intangível que pode aumentar o valor da marca e ser uma vantagem competitiva no mercado.
Ao registrar o logo como marca, a empresa evita que terceiros copiem, imitem ou usem de forma não autorizada o símbolo da marca. Isso previne problemas legais e protege a reputação da empresa.

A proteção do logo assegura a consistência da identidade visual da marca em todos os canais de comunicação e marketing. Isso gera confiança nos clientes, que identificam rapidamente a marca e sabem que estão lidando com uma empresa legítima.

O logo é um elemento central da identidade da marca e sua proteção é crucial para preservar o valor e a reputação construídos ao longo do tempo. Evitar a diluição da marca é essencial para sustentar sua posição no mercado.

O registro do logo é especialmente relevante quando a empresa tem planos de expansão nacional ou internacional. Com o logo protegido como marca registrada, a empresa pode operar em novos mercados com segurança e proteção legal.

O logo de uma marca é uma peça-chave para a identidade visual e para a conexão emocional com o público. Protegê-lo através do registro de propriedade intelectual, como marca registrada, é uma medida inteligente e estratégica para garantir a exclusividade de uso, prevenir cópias e plágio, e salvaguardar o valor e a reputação da marca. Além disso, a proteção do logo é essencial para a consistência da identidade da marca, construção de confiança nos clientes e possibilidade de expansão de mercado.

Desta maneira ao considerar o logo como um ativo valioso e protegê-lo de forma adequada (registro da marca), a empresa está investindo na segurança e no crescimento sustentável de sua marca no competitivo cenário dos negócios.

Estudos de Caso
Marcas de Sucesso Impulsionadas por Branding Eficiente e Logo Bem Projetado

O branding eficiente e um logo bem projetado têm sido fatores determinantes para o sucesso de diversas marcas ao redor do mundo. Neste artigo, apresentaremos estudos de caso de algumas marcas conhecidas que alcançaram destaque e reconhecimento através de estratégias inteligentes de branding e identidade visual impactante.

Apple Inc. - A Simplicidade que Conquista

A Apple é um dos melhores exemplos de como um branding eficiente e um logo icônico podem impactar o sucesso de uma marca. Seu logo, uma maçã mordida, é instantaneamente reconhecido e simboliza simplicidade, inovação e modernidade. O branding da Apple se destaca pela consistência em todas as interações com a marca, desde seus produtos minimalistas e embalagens bem projetadas até sua comunicação de marketing emocional e aspiracional. O logo da Apple tornou-se sinônimo de qualidade e inovação, ajudando a empresa a alcançar um status global e uma base de fãs leais.

Coca-Cola - A Emoção em Cada Gole

A Coca-Cola é um exemplo clássico de como um logo e branding bem desenvolvidos podem evocar emoções e criar uma identificação instantânea com o público. Seu logo, a icônica caligrafia vermelha, transmite alegria, tradição e felicidade. O branding da Coca-Cola é focado na experiência emocional que o refrigerante proporciona aos consumidores. A marca criou campanhas memoráveis, como a famosa "Hilltop" (I'd Like to Teach the World to Sing), que reforçaram a mensagem de união e felicidade. O logo e branding eficiente ajudaram a Coca-Cola a se tornar uma das marcas mais reconhecidas e valiosas do mundo.

Nike - A Força do Swoosh

O logo da Nike, conhecido como Swoosh, é um exemplo poderoso de como um símbolo simples pode comunicar uma mensagem forte. O Swoosh representa movimento, dinamismo e vitória, refletindo perfeitamente a essência da marca esportiva. A Nike construiu uma identidade visual coesa e consistente, que é facilmente identificada em todos os seus produtos, campanhas publicitárias e eventos esportivos. O branding da Nike enfatiza o poder do atleta e a superação de limites, conquistando uma base de clientes fiéis e engajados.

McDonald's - O Amarelo Dourado do Sucesso

O logo do McDonald's, um "M" amarelo dourado, é um exemplo de como as cores e formas podem criar uma identidade visual marcante. O amarelo vibrante e o design simples e reconhecível são estratégias-chave para atrair a atenção do público e criar uma identificação imediata com a marca. O branding do McDonald's é consistente em todas as suas filiais ao redor do mundo, proporcionando uma experiência unificada para os clientes. O logo bem projetado e o branding eficiente contribuíram para que o McDonald's se tornasse uma das maiores e mais conhecidas redes de fast-food do mundo.

Os estudos de caso apresentados demonstram como o branding eficiente e um logo bem projetado são elementos cruciais para o sucesso de uma marca. Através de estratégias inteligentes de identidade visual, essas marcas alcançaram destaque, reconhecimento e uma base de clientes leais. A simplicidade, consistência e emoção transmitidas pelos logos e branding dessas marcas criaram uma conexão forte e duradoura com o público, impulsionando seu crescimento e impacto no mercado global. O poder do branding eficiente e do logo bem projetado não pode ser subestimado, pois são fundamentais para construir uma identidade visual memorável e uma presença marcante no competitivo mundo dos negócios.

MARCA$
QUE BRILHAM

Dicas Práticas para Iniciar o Branding
e o Design de Logo
Construindo uma Identidade de Marca Impactante

Iniciar o branding e o design de logo pode parecer uma tarefa desafiadora, mas com as estratégias certas, qualquer empresa pode construir uma identidade de marca impactante e um logo memorável. Neste artigo, forneceremos dicas práticas para ajudar os leitores a começarem a jornada de criação de sua identidade visual e desenvolvimento de um logo que se destaque no mercado.

Defina a Essência da Marca
Antes de começar o design do logo, é fundamental definir a essência da marca. Pergunte-se: Quais são os valores da empresa? Qual é a mensagem que desejamos transmitir ao público? Entender a personalidade e a identidade da marca é o primeiro passo para criar um logo que reflita sua essência.

Conheça o Público-Alvo
Conhecer o público-alvo é essencial para criar um logo que ressoe com o público certo. Realize pesquisas e estudos para entender as preferências, expectativas e necessidades do seu público. Isso ajudará a direcionar as escolhas de design do logo.

Simplicidade é a Chave
Um logo simples é mais memorável e fácil de ser reconhecido. Evite excesso de detalhes e elementos

complicados que possam confundir o público. Opte por um design limpo, claro e com elementos visuais distintos.

Originalidade e Unicidade
Busque criar um logo único e original. Evite clichês e tendências passageiras, pois um logo autêntico se destaca da concorrência. Seja criativo e crie algo que seja verdadeiramente único para sua marca.

Cores com Significado
As cores têm o poder de evocar emoções e criar associações. Escolha cores que estejam alinhadas com a mensagem que você deseja transmitir. Pesquise a psicologia das cores e entenda como elas podem impactar a percepção do público.

Versatilidade e Escalabilidade
Certifique-se de que o logo funcione em diferentes tamanhos e formatos. Ele deve ser igualmente legível em diferentes contextos, desde um ícone de aplicativo até um outdoor. Garanta que o logo seja escalável sem perder sua qualidade visual.

Teste e Receba Feedback
Antes de finalizar o logo, teste-o com diferentes pessoas e receba feedback honesto. Isso pode ajudar a identificar possíveis melhorias e garantir que o logo seja bem recebido pelo público.

Coerência Visual
Ao iniciar o branding da marca, mantenha a coerência visual cm todas as plataformas e materiais de

comunicação. Isso inclui o uso consistente de cores, fontes e elementos visuais. Uma identidade visual coesa ajuda a construir uma imagem sólida e confiável da marca.

Iniciar o processo de branding (construção da imagem da marca) e criar um design de logotipo é empolgante, mas é importante estar preparado para um trabalho dedicado e um planejamento cuidadoso. Com algumas dicas práticas simples apresentadas aqui, você estará pronto para começar a construir uma identidade de marca forte e a desenvolver um logotipo que chame a atenção no mercado.

Primeiro, é essencial compreender que o branding é uma jornada contínua. À medida que a marca cresce e se adapta ao mercado, o logotipo também pode precisar de atualizações para refletir essa evolução. Portanto, flexibilidade e abertura para mudanças são importantes.

Aqui estão algumas dicas para começar:

Conheça sua marca: Antes de criar um logotipo, compreenda a identidade da sua marca, seus valores, missão e público-alvo. Isso ajudará a transmitir a mensagem certa.

Simplicidade é chave: Mantenha o logotipo simples e fácil de reconhecer. Evite complicar demais com elementos desnecessários.

Originalidade: Certifique-se de que o logotipo seja único e não confundível com outras marcas.

Versatilidade: Garanta que o logotipo funcione bem em diferentes tamanhos e contextos, como em mídia impressa, online e produtos físicos.

Feedback: Peça opiniões de outras pessoas, especialmente de seu público-alvo, para garantir que o logotipo transmita a mensagem desejada.

Profissionalismo: Se necessário, considere contratar um designer gráfico experiente para criar o logotipo, pois o visual da marca é extremamente importante.

É fundamental manter em mente que a criação de uma identidade visual sólida e de um logotipo de sucesso é um processo que demanda tempo, persistência e uma abordagem estratégica bem definida. Não se trata de uma tarefa rápida e simples, mas sim de um empreendimento que requer comprometimento a longo prazo.

Paciência é um dos ingredientes-chave nesse processo. A construção de uma identidade de marca impactante e a criação de um logotipo memorável podem levar tempo.
É importante estar disposto a dedicar os recursos necessários e a permitir que o processo de desenvolvimento se desdobre organicamente.

Criatividade é outra dimensão vital. Um logotipo eficaz e uma identidade visual marcante geralmente nascem da capacidade de pensar de maneira original e única. Isso envolve a geração de idéias criativas e a exploração de diferentes abordagens visuais que representem fielmente a essência da marca.

Ter uma estratégia sólida é igualmente essencial. Isso implica em definir claramente os objetivos, público-alvo e propósito da marca. A estratégia orienta o desenvolvimento do logotipo e da identidade visual de forma a se alinharem perfeitamente com o que a empresa representa e com as mensagens que deseja transmitir.

Além disso, é importante destacar que, assim como a marca evolui ao longo do tempo, o logotipo também pode precisar de ajustes para refletir essa evolução. Isso significa que a flexibilidade e a capacidade de adaptação são cruciais para manter a marca relevante no mercado em constante mudança.

Para resumir, construir uma identidade visual sólida e criar um logotipo que cause impacto exige alguns ingredientes essenciais: comprometimento, criatividade, uma estratégia bem planejada e, é claro, tempo.

Com esses elementos corretos e o esforço dedicado, todas as empresas têm a chance real de conquistar o sucesso na construção de sua marca e na criação de um logotipo que se destaque e deixe uma impressão duradoura no mercado.

Comprometimento

Isso significa estar totalmente envolvido e disposto a investir tempo e recursos na criação de sua identidade de marca. Leva tempo para desenvolver algo significativo e memorável.

Criatividade

Ser criativo é fundamental. Isso envolve pensar fora da caixa e encontrar maneiras únicas de se destacar e transmitir a mensagem de sua marca.

Estratégia Bem Definida

Ter um plano sólido é como ter um mapa para onde deseja ir. Uma estratégia bem pensada ajuda a orientar todas as decisões e ações relacionadas à sua marca.

Tempo

A pressa não é sua amiga quando se trata de construir uma identidade de marca duradoura. Dê tempo ao processo, permitindo que ele se desenvolva naturalmente.

Princípios Certos

Certifique-se de que seus princípios e valores estejam alinhados com sua marca. Isso ajuda a manter a autenticidade e a conexão com seu público.

Dedicação Necessária

Construir uma marca forte exige trabalho árduo e dedicação contínua. Esteja preparado para se dedicar ao longo do tempo.

Com esses elementos em prática, sua empresa tem todas as chances de construir uma identidade de marca sólida e criar um logotipo que não apenas se destaque, mas também deixe uma marca profunda e duradoura no mercado, conquistando a confiança e a fidelidade de seus clientes.

Ferramentas e Recursos Úteis
para Criar um Logo e Desenvolver Estratégias de Branding Eficientes

A criação de um logo único e o desenvolvimento de estratégias de branding eficazes são passos fundamentais para estabelecer uma identidade visual forte e memorável para qualquer marca.

Felizmente, existem diversas ferramentas e recursos disponíveis que podem auxiliar os leitores nesse processo criativo.

Neste artigo, listaremos algumas ferramentas e recursos úteis que podem ser utilizados para criar um logo e desenvolver uma estratégia de branding eficiente.

CorelDRAW

O CorelDRAW é uma poderosa ferramenta de design gráfico vetorial, amplamente utilizada por profissionais do design e da indústria gráfica. Com uma interface amigável e recursos avançados, o CorelDRAW permite criar logos personalizados, ícones e ilustrações com facilidade. A capacidade de trabalhar com gráficos vetoriais garante que o logo seja escalável e mantenha sua qualidade visual em diferentes tamanhos e formatos.

Canva

O Canva é uma ferramenta de design gráfico online que oferece uma vasta coleção de modelos, elementos visuais e fontes. Mesmo para aqueles sem experiência em design, o Canva é uma excelente opção para criar logos profissionais e materiais de branding, como cartões de visita, posts para redes sociais, banners e muito mais.

Adobe Illustrator

Outra ferramenta de design vetorial popular é o Adobe Illustrator, parte da suíte de aplicativos Adobe Creative Cloud. O Illustrator oferece recursos avançados de criação de logos e ilustrações, permitindo um controle detalhado sobre cada elemento do design.

Color Hunt

A escolha das cores certas é fundamental para o branding eficaz. O Color Hunt é uma plataforma que oferece paletas de cores inspiradoras, tornando mais fácil encontrar combinações harmoniosas e atraentes para o logo e a identidade visual da marca.

LogoMaker

Uma ferramenta online que ajuda a criar logotipos personalizados com base nas preferências do usuário.

Google Fonts

A tipografia é outro elemento importante do logo e da identidade visual. O Google Fonts é uma biblioteca online gratuita de fontes que podem ser utilizadas em diversos projetos de design. Escolher uma fonte adequada pode ajudar a transmitir a personalidade e a mensagem certa da marca.

Pesquisa de Mercado e Competidores

Antes de criar o logo e desenvolver a estratégia de branding, é fundamental realizar uma pesquisa de mercado e analisar os concorrentes.

Conhecer as preferências e expectativas do público-alvo e entender o que já está sendo oferecido no mercado pode guiar as escolhas do design do logo e das estratégias de branding.

Consultoria de Profissionais de Design e Marketing

Caso a empresa tenha recursos disponíveis, contar com a consultoria de profissionais de design gráfico e marketing pode ser uma ótima maneira de garantir um logo e estratégias de branding eficientes e alinhados com os objetivos da marca.

A criação de um logo impactante e o desenvolvimento de estratégias de branding eficazes são processos cruciais para estabelecer uma identidade visual forte e atrativa para a marca. As ferramentas e recursos mencionados, podem ser extremamente úteis para auxiliar os leitores nessa jornada.

Com a combinação certa de ferramentas, pesquisa de mercado e criatividade, qualquer empresa pode criar um logo e desenvolver uma identidade de marca que se destaque no mercado e conquiste a atenção e a lealdade dos consumidores.

Os Erros Mais Comuns na Criação de Marca e Branding para um Negócio

A criação de uma marca forte e eficiente é essencial para o sucesso de qualquer negócio. No entanto, muitas empresas cometem erros que podem comprometer a identidade visual e a estratégia de branding. Neste artigo, exploraremos os erros mais comuns na criação de marca e branding, e como evitá-los para construir uma identidade sólida e impactante.

Falta de Pesquisa de Mercado e Concorrência

Um dos erros mais comuns é negligenciar a pesquisa de mercado e a análise dos concorrentes. Conhecer o público-alvo, suas preferências e necessidades é essencial para criar uma marca que se conecte com os clientes. Além disso, entender o que os concorrentes estão oferecendo ajuda a identificar oportunidades de diferenciação e posicionamento único no mercado.

Dica: Realize pesquisas de mercado, entrevistas com clientes e análises de concorrentes antes de definir a estratégia de branding.

Logo Complexo e Não Escalável

Um logo complexo e com muitos detalhes pode comprometer a sua legibilidade e versatilidade. Se o logo não puder ser reproduzido em diferentes tamanhos e formatos, pode perder impacto e qualidade visual.

Dica: Opte por um logo simples, com design limpo e elementos visuais distintos que sejam facilmente reconhecíveis em diferentes escalas.

Falta de Coerência Visual

A falta de coerência visual é um erro comum que pode confundir o público e prejudicar a identidade da marca. A utilização de diferentes cores, fontes e estilos em materiais de comunicação e marketing pode transmitir uma imagem desorganizada e pouco profissional.

Dica: Defina um guia de estilo que estabeleça o uso consistente de cores, fontes e elementos visuais em todas as plataformas de comunicação.

Não Transmitir uma Mensagem Clara

Uma marca eficiente deve comunicar uma mensagem clara e coesa sobre a empresa e seus valores. Se a mensagem não for bem definida, os clientes podem não entender a proposta de valor da marca.

Dica: Desenvolva uma declaração de missão, visão e valores da marca que resuma sua essência e transmita uma mensagem clara ao público.

Não Adaptar-se às Mudanças do Mercado

As tendências do mercado e as preferências dos clientes estão sempre evoluindo. Não adaptar-se a essas mudanças pode tornar a marca desatualizada e menos relevante.

Dica: Esteja atento às mudanças no mercado, acompanhe as tendências e atualize a estratégia de branding conforme necessário.

Ignorar o Engajamento com o Público

A interação com os clientes é fundamental para construir uma conexão emocional com a marca. Ignorar o engajamento com o público pode fazer com que a marca pareça distante e inacessível.

Dica: Utilize as redes sociais e outras plataformas de comunicação para se conectar com os clientes, responder a perguntas e receber feedback.

A criação de marca e branding eficiente são fundamentais para o sucesso de qualquer negócio. Evitar os erros comuns mencionados neste artigo é essencial para construir uma identidade visual forte, coerente e impactante. Realize pesquisas, conheça o público-alvo, adapte-se às mudanças do mercado e comunique uma mensagem clara e autêntica. Ao evitar esses erros e seguir as dicas fornecidas, sua marca estará no caminho certo para se destacar no mercado e conquistar a confiança e a fidelidade dos clientes.

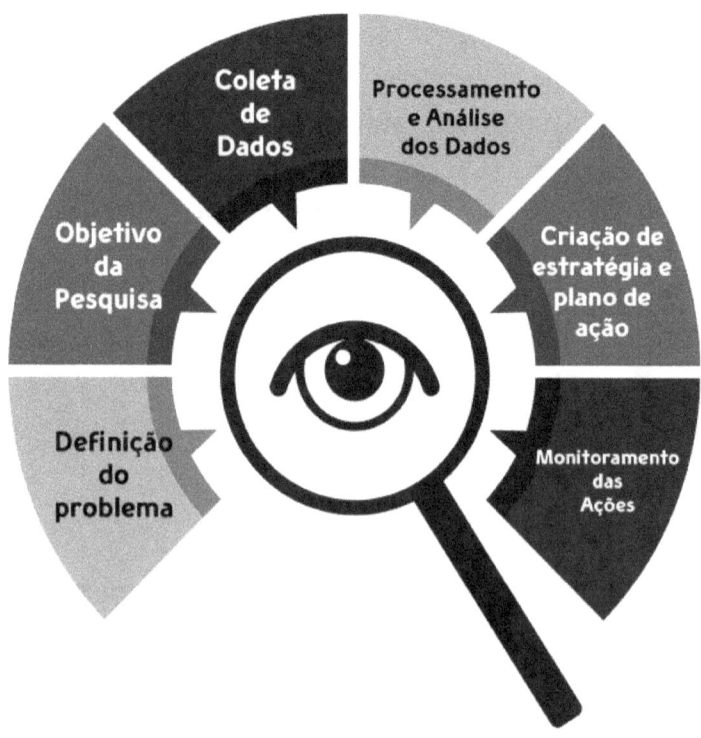

PARTE DOIS

A marca EU

Construir uma identidade pessoal baseada nos conceitos de construção de marca e branding corporativo pode trazer diversas vantagens para a vida pessoal e profissional de uma pessoa. Essas vantagens vão além da simples auto imagem; elas indicam a forma como a pessoa é percebida, como ela se relaciona com os outros e como alcança seus objetivos. Aqui estão algumas das vantagens dessa abordagem:

Clareza e Foco: A construção de uma identidade pessoal fundamentada em conceitos de branding fornece clareza sobre quem você é, quais são seus valores e qual é a sua direção na vida. Isso permite que você tome decisões mais assertivas e determinadas com seus objetivos, evitando distrações e caminhos desnecessários.

Diferenciação e Destaque: Assim como as marcas buscam se destacar da concorrência, uma identidade pessoal bem construída permite que você se diferencie em um mundo cheio de pessoas e informações. Você se torna uma presença única, capaz de atrair a atenção e o respeito dos outros por meio de sua confiança e propósito.

Credibilidade e Confiança: O branding eficaz envolve a construção de confiança com o público. Da mesma forma, uma identidade pessoal forte cria uma sensação de confiança em sua vida pessoal e profissional. As pessoas tendem a confiar e respeitar aqueles que sabem quem são e agem de acordo com seus valores.

Relacionamentos Significativos: Uma identidade pessoal sólida ajuda você a atrair relacionamentos mais duradouros. As pessoas são naturalmente atraídas por indivíduos autênticos e bem definidos. Isso pode levar a conexões mais profundas e relações de confiança em sua vida pessoal e profissional.

Liderança e Influência: Assim como as marcas líderes são capazes de influenciar comportamentos e opiniões, uma identidade pessoal forte permite que você se torne um líder e influenciador em sua esfera de atuação. Sua segurança e consistência podem inspirar e motivar os outros.

Sucesso Profissional: Uma identidade pessoal bem construída pode contribuir para o sucesso em sua carreira. Você se torna mais reconhecível para colegas, superiores e clientes, o que pode abrir portas para oportunidades de crescimento e progressão.

Resiliência e Autenticidade: Assim como as marcas duradouras permanecem fiéis aos seus valores ao longo do tempo, uma identidade pessoal autônoma e consistente o ajuda a enfrentar desafios com resiliência. Você sabe quem é e não se desvia de seus princípios, mesmo quando as coisas ficam difíceis.

Realização Pessoal: Finalmente, construir uma identidade pessoal sólida baseada nos princípios do branding pode levar a uma sensação mais profunda de realização pessoal. Você está vivendo de acordo com seus próprios termos, expressando sua verdadeira essência e impactando positivamente o mundo ao seu redor.

Em resumo, a aplicação dos conceitos de construção de marca e branding corporativo em sua identidade pessoal pode trazer uma série de vantagens que influenciam positivamente diversos aspectos de sua vida. Isso não apenas molda a maneira como você é percebido, mas também influencia sua capacidade de criar conexões autônomas, alcançar objetivos viver uma vida conectada com sua verdadeira essência.

Uma identidade pessoal equivocada ou mal definida pode levar a várias "dores" ou desafios na vida de uma pessoa, devido à forma como nossa sociedade funciona e valoriza a segurança e o autoconhecimento. Algumas das dores relacionadas a uma identidade pessoal equivocada incluem:

Falta de Direção e Propósito: Uma identidade pessoal mal definida pode deixar uma pessoa sem uma sensação clara de direção e propósito na vida. Isso pode levar a sentimentos de confusão, desorientação e insatisfação, pois a pessoa não sabe em que direção seguir ou quais metas perseguir.

Baixa Auto estima e Confiança: Quando alguém não se compreende, a auto estima e a confiança podem ser abaladas. A falta de confiança em si mesmo pode dificultar a busca de oportunidades, a expressão de opiniões e a tomada de decisões importantes. Isso pode levar a uma mentalidade de auto sabotagem, onde a pessoa não se sente merecedora de oportunidades de crescimento financeiro.

Dificuldades nos Relacionamentos: Uma identidade pessoal equivocada pode prejudicar relacionamentos, já que uma pessoa pode ter dificuldade em se conectar com os outros. Relacionamentos autênticos muitas vezes se baseiam em compartilhar quem somos, e isso se torna complicado quando não temos uma compreensão clara de nossa própria identidade.

Estagnação profissional: No ambiente de trabalho, uma identidade pessoal equivocada pode impedir o crescimento profissional. A falta de clareza sobre habilidades, interesses e objetivos pode dificultar a busca por oportunidades de carreira e a construção de uma confiança profissional sólida.

Decisões Incompatíveis com Valores Pessoais: Uma identidade pessoal confusa pode levar a tomar decisões que não estão definidas com os valores pessoais. Isso pode resultar em arrependimento, conflito interno e uma sensação de viver uma vida que não reflete quem a pessoa realmente é.

Sensação de Vazio e Insatisfação: Uma identidade equivocada pode levar a uma sensação de vazio e insatisfação persistente.
Mesmo que a pessoa alcance metas aparentemente bem-sucedidas, a falta de conexão com sua identidade

verdadeira pode fazer com que essas experiências soem como vazias e sem significado.

Dificuldades em Lidar com Mudanças e Desafios: Uma identidade pessoal mal definida pode tornar difícil lidar com mudanças e desafios na vida. A resiliência e a capacidade de adaptação muitas vezes dependem de uma compreensão sólida de quem somos e do que valorizamos.

Falta de Autenticidade: Uma identidade pessoal equivocada pode levar a uma falta de eficácia, levando a pessoa a adotar comportamentos, interesses e até mesmo valores que não refletem sua verdadeira essência. Isso pode resultar em sentimentos de vazio e desconexão.

Em última análise, uma identidade pessoal equivocada pode impactar várias áreas da vida de uma pessoa, minando sua felicidade, realização e capacidade de se relacionar de forma significativa com os outros. Portanto, buscar uma compreensão profunda de si mesmo e construir uma identidade pessoal autônoma e bem definida é essencial para enfrentar esses desafios e criar uma vida mais gratificante e significativa.

Uma pessoa sem uma identidade pessoal definida claramente pode enfrentar várias dificuldades, tanto financeiras quanto em busca de sucesso em novos relacionamentos amorosos. A falta de uma identidade sólida pode impactar essas áreas de vida de maneira significativa. Vamos explorar essas dificuldades em detalhes.

Explorando os Fundamentos da Criação de Logomarca na Identidade Pessoal e seu Impacto na Sociedade

A criação de uma logomarca é um processo cuidadosamente elaborado que visa capturar a essência de uma marca e transmitir sua mensagem de maneira visualmente impactante. No entanto, os mesmos fundamentos que impulsionam a criação de uma logomarca podem ser aplicados de maneira significativa na formação da identidade pessoal de um indivíduo. Neste artigo, vamos mergulhar na interseção entre os princípios da criação de logomarca e da construção da identidade pessoal, explorando como essa abordagem pode influenciar a maneira como nós enfrentamos e impactamos a sociedade ao nosso redor.

Os Elementos Fundamentais da Criação de Logomarca Aplicados à Identidade Pessoal

Simplicidade e Memorabilidade: Uma logomarca eficaz é muitas vezes simples e traduzida. Da mesma forma, na formação da identidade pessoal, simplificar nossos valores centrais e características distintivas pode criar uma imagem mais clara e fácil de ser lembrada por outros.

Originalidade e Autenticidade: A confiança é um pilar na criação de logomarca. Ao aplicar esse princípio à identidade pessoal, reconhecemos nossos traços únicos e abraçamos o que nos diferencia dos demais. Ser autêntico na forma como nos apresentamos ao mundo cria uma conexão genuína com os outros.

Relevância e Significado: Uma logomarca bem projetada é relevante para a marca que representa, transmitindo sua missão e valores. Da mesma forma, na formação da identidade pessoal, escolher atributos e características que têm significado e ressoam conosco ajudam a construir uma base sólida.

Flexibilidade e Adaptabilidade: Logomarcas são frequentemente projetadas para serem versáteis em diferentes contextos. Na identidade pessoal, ser capaz de se adaptar a diferentes situações e desafios nos torna mais resilientes e eficazes em nossa interação com a sociedade.

O Impacto da Identidade Pessoal na Sociedade

A identidade pessoal não é apenas uma questão interna; ela tem um impacto significativo na sociedade em que vivemos.
Ao aplicar os princípios da criação de logomarca à formação da identidade pessoal, podemos entender melhor como essa identidade influencia nossa interação com a sociedade:

Reconhecimento e Percepção: Assim como uma logomarca é reconhecida instantaneamente como a representação de uma marca, nossa identidade pessoal molda a maneira como somos percebidos pelos outros. Uma identidade pessoal clara e distinta pode criar uma impressão duradoura e positiva.

Comunicação Eficaz: Uma logomarca comunica a mensagem de uma marca de maneira visual. Da mesma forma, a forma como nos apresentamos ao mundo e comunicamos nossos valores e objetivos pessoais pode afetar a maneira como interagimos com a sociedade e nos conectamos com os outros.

Influência e Inspiração: Indivíduos com uma identidade pessoal forte e com frequência se tornam influenciadores e fontes de inspiração para os outros. Nossa identidade pessoal pode nos capacitar a fazer mudanças positivas na sociedade, inspirando os outros a seguir nossos passos.

Contribuição para a Cultura: A identidade pessoal pode influenciar a cultura e os valores de uma sociedade. Ao formar nossa identidade com causas e valores sobreviventes, podemos contribuir para a construção de uma comunidade mais consciente e inclusiva.

Em conclusão, a aplicação dos fundamentos da criação de logomarca à formação da identidade pessoal pode ser uma abordagem poderosa para construir uma conexão emocional com a sociedade. Ao simplificar nossa mensagem, aceitar nossa homenagem, criar uma imagem significativa e ser flexível em nossa adaptação, podemos construir uma identidade pessoal forte e impactante. Essa identidade não apenas influenciará a maneira como somos percebidos, mas também moldará nossa contribuição para a sociedade e nossa capacidade de inspirar mudanças positivas. Assim como uma logomarca de sucesso deixa uma impressão duradoura, uma identidade pessoal bem construída pode deixar um legado significativo em nosso mundo.

Dificuldades Financeiras:

Falta de Foco Profissional: Sem uma identidade pessoal clara, uma pessoa pode lutar para identificar seus verdadeiros interesses e paixões. Isso pode levar a escolhas profissionais inadequadas e a falta de direção na carreira, resultando em insatisfação e estagnação financeira.

Falta de Branding Pessoal: Assim como as marcas se destacam no mercado, uma identidade pessoal forte é fundamental para se destacar no mundo profissional. A falta de um "branding pessoal" claro pode dificultar a construção de uma reputação forte e reconhecível.

Decisões Financeiras Desalinhadas: Sem entender seus valores e objetivos pessoais, é mais provável que a pessoa tome decisões financeiras que não estejam alinhadas com seu verdadeiro eu. Isso pode resultar em gastos excessivos, dívidas e dificuldades financeiras a longo prazo.

Dificuldades nos Relacionamentos Amorosos:

Falta de Confiança e Autenticidade: Uma identidade pessoal pouco definida pode levar a dificuldades em estabelecer relacionamentos amorosos saudáveis. A falta de confiança em si mesmo e a incapacidade de ser autêntico podem afastar potenciais parceiros.

Dificuldades na Comunicação: Sem uma compreensão clara de quem são, as pessoas podem lutar para se comunicar efetivamente em relacionamentos. Isso pode levar a mal-entendidos, conflitos e frustrações.

Padrões Relacionais Negativos: A ausência de uma identidade pessoal definida pode levar a relacionamentos baseados em padrões negativos, onde a pessoa se envolve em dinâmicas prejudiciais repetidamente, buscando validação ou segurança.

Falta de Atração Magnética: Assim como as marcas atraem consumidores através de sua identidade, uma pessoa com uma identidade pessoal forte pode se tornar magneticamente atraente para possíveis parceiros. A falta disso pode dificultar a formação de conexões profundas e duradouras.

em resumo uma identidade pessoal claramente definida desempenha um papel fundamental no sucesso financeiro e nos relacionamentos amorosos. A falta dessa identidade pode resultar em dificuldades financeiras devido a escolhas desalinhadas e falta de confiança, bem como em desafios na busca de relacionamentos saudáveis devido à falta de autenticidade e comunicação deficiente. Ao reconhecer essas dificuldades, uma pessoa pode começar a jornada de auto descoberta e construção de sua própria "Marca Eu", buscando crescimento pessoal, autoconfiança e relações significativas.

Construindo Minha Identidade Pessoal através do Branding

A jornada começa com a busca interna pelo autoconhecimento. Tirar um tempo todos os dias para refletir sobre as experiências, valores e paixões. Perguntar se a si mesmo: Quem sou eu além das expectativas sociais e influências externas? Esse processo de auto questionamento é uma ferramenta poderosa para iniciar uma jornada de auto descoberta.

Definição de Valores e Propósito Pessoal: Minha missão de vida. Compreender que, assim como as marcas estabelecem sua missão, também podemos definir nossos valores centrais e propósito pessoal. Imagine escrever o manifesto da "Marca Eu", identificando o que seria mais importante nesta jornada. Definir valores e missão pessoal permite criar um guia claro para as escolhas e ações.

Construção da Identidade Visual e Narrativa Pessoal: Criando Minha Marca. Inspirado no desenvolvimento de identidade visual de uma marca, pode se construir a própria identidade visual e narrativa pessoal. Escolher cores, símbolos e elementos visuais (roupas, acessórios e perfume) que representam meus valores e personalidade. Também elaborar uma narrativa pessoal autêntica, contando a história desta jornada de auto descoberta. Visualizar-se como um designer, moldando cada aspecto da "Marca Eu".

Autenticidade e Coerência: Vivendo Meus Valores. Assim como as marcas constroem confiança através da consistência, comprometer-se a agir de forma autêntica e coerente com a nova identidade recém-definida. Tornar se o embaixador da sua própria "Marca Eu", tomando decisões alinhadas com seus valores em todas as situações. Isso não apenas fortalece a autenticidade, mas também me permite construir relacionamentos mais autênticos e significativos.

Desenvolvimento de Habilidades Únicas: Sua Proposta Única de Valor. Como as marcas buscam destacar sua Proposta Única de Valor, também foque em identificar e desenvolver suas habilidades únicas. Imagine-se como um produto único no mercado, procurando maneiras de aprimorar suas paixões e talentos.

Cultivando Relacionamentos Autênticos: Conectando-se com Outros. Assim como as marcas buscam conexões autênticas, concentre-se em cultivar relacionamentos significativos. Participe de grupos e eventos nos quais possa compartilhar sua identidade pessoal e construir conexões baseadas em valores compartilhados. Visualize-se como um estrategista de relacionamentos, buscando conexões genuínas e enriquecedoras.

Evolução Contínua e Adaptação: A Jornada em Curso. Assim como as marcas evoluem para se manterem relevantes, a identidade pessoal também deve permanecer em constante evolução. Manter-se aberto a redefinir valores à medida que cresce e experimenta novas oportunidades. Visualizar-se como uma marca em evolução constante, pronto para abraçar mudanças e crescimento.

Manifesto da "Marca Eu"

Eu sou único, uma obra-prima em constante evolução. Como uma marca pessoal, carrego uma identidade autêntica e valores que definem minha jornada de autodescoberta. Inspirado pelos princípios do branding e da identidade corporativa, manifesto a essência da "Marca Eu", em busca da realização e da autenticidade.

Valor e Propósito

Eu abraço meus valores como os pilares que sustentam minha identidade. Honro a sinceridade, a empatia e a busca constante pela excelência. Meu propósito é inspirar positivamente aqueles ao meu redor, deixando um impacto duradouro onde quer que eu vá.

Identidade Visual

Assim como as marcas são reconhecidas por suas cores e símbolos, eu também expresso minha individualidade através da minha identidade visual. As cores que escolho refletem minhas emoções e perspectivas, enquanto os símbolos que adoto representam minhas paixões e valores intrínsecos.

Narrativa Pessoal

Minha história é a narrativa que compartilho com o mundo. Cada capítulo conta minha jornada de auto descoberta e crescimento. Com honestidade e vulnerabilidade, abro as páginas da minha vida para mostrar que sou mais do que minhas realizações; sou uma alma em busca de significado.

Autenticidade e Coerência

Assim como as marcas constroem confiança através da coerência, eu também busco viver com autenticidade em todas as facetas da minha vida. Minhas ações e palavras refletem meus valores e identidade, criando uma conexão genuína e profunda com aqueles com quem interajo.

Habilidades Únicas

Minhas habilidades são minha contribuição única para o mundo. Como uma marca de sucesso, aprimoro constantemente minhas competências, buscando a excelência em minhas paixões. Cada talento que desenvolvo é uma peça do quebra-cabeça que é a minha "Marca Eu".

Relacionamentos Significativos

Eu valorizo relacionamentos autênticos como a base da minha jornada. Assim como as marcas constroem conexões, busco cultivar relações profundas e significativas, onde compartilhamos nossos valores e crescemos juntos.

Evolução Contínua

Assim como as marcas se transformam para permanecerem relevantes, eu também estou disposto a abraçar mudanças e buscar crescimento contínuo. Minha jornada de auto descoberta é uma exploração constante de quem sou e de quem posso me tornar. À medida que me adapto e abraço o novo, encontro meu próprio florescimento pessoal.

Eu sou a "Marca Eu", uma expressão autêntica do meu ser. Inspirado pelos princípios do branding e da identidade corporativa, busco manifestar minha identidade única em busca de autenticidade, realização e conexões significativas. Como uma marca de sucesso, sou o autor da minha própria história, criando uma vida repleta de significado, paixão e crescimento constante.

Minha jornada de auto descoberta é como a construção de uma marca excepcional. Assim como as empresas evoluem e se adaptam para atender às necessidades do mercado, eu também me reinvento e me adapto às reviravoltas da vida. Cada desafio é uma oportunidade de crescimento, cada experiência é um capítulo na minha história pessoal, e estou determinado a torná-los significativos e enriquecedores.

Nesta jornada, sou o designer do meu próprio logotipo, definindo quem sou e como desejo ser percebido. Cada ação, escolha e decisão que tomo contribuem para a construção da minha identidade. Assim como uma marca de sucesso busca se destacar no mercado, eu busco me destacar na minha própria vida, criando uma identidade autêntica que ressoa com meu verdadeiro eu.

A paixão, o significado e o crescimento constante são os pilares da minha "Marca Eu". Estou comprometido em escrever uma história de sucesso pessoal, moldando minha identidade de acordo com meus valores e aspirações. Cada dia é uma nova oportunidade para criar conexões significativas e contribuir para o mundo de forma autêntica e impactante.

A Simbiose de Marcas
Como a Essência de uma Marca Famosa Eleva uma Marca Pessoal

No cenário cada vez mais interconectado e influente em que vivemos, as marcas se tornaram mais do que meros logotipos ou produtos; elas personificam valores, paixões e visões que ressoam com milhões. Uma marca forte transcende os limites de seu setor, deixando uma marca indelével na sociedade e na cultura. Mas e se essa aura de sucesso pudesse ser compartilhada por indivíduos? A associação de uma marca famosa a uma marca pessoal é uma estratégia poderosa que pode sustentar o sucesso de uma pessoa, permitindo que sua identidade adote as mesmas qualidades que levou a marca famosa à grandeza. Imagine a marca como um farol que guia a navegação em águas desconhecidas. Sua personalidade distintiva, seus valores arraigados e sua missão firme a transformaram em uma força dominante. Agora, considere a possibilidade de absorver os princípios fundamentais dessa marca em sua própria identidade. Ao adotar a essência de uma marca famosa, você permite que suas características mais distintivas se fundam com as suas, criando uma simbiose única.

Pense na marca famosa como um mentor virtual, uma bússola moral que aponta para o norte verdadeiro do sucesso. Ao imbuir sua marca pessoal com a ressonância da marca famosa, você se posiciona em um caminho já trilhado pelo sucesso. Não se trata de imitar, mas de internalizar os atributos que tornaram a marca famosa admirada e bem-sucedida. Se essa marca é conhecida pela inovação, por exemplo, você busca formas criativas de aplicar essa mentalidade às suas ações e decisões.

A essência da marca famosa se transforma em uma extensão da sua própria personalidade, uma parte intrínseca da sua marca pessoal. As mesmas qualidades que moldaram o impacto global da marca famosa agora impulsionam seu próprio impacto, permitindo que você se destaque entre a multidão. Assim como uma marca famosa conquistou lealdade e reconhecimento, você também é capaz de inspirar confiança e permanecer em seu círculo de influência.

É importante ressaltar que a associação com uma marca famosa não é uma busca de substituição, mas sim uma busca de confiança. Ao adotar seus princípios, você fortalece sua própria segurança, aprimorando sua identidade em vez de diluí-la. Esse processo resulta em uma narrativa mais rica e envolvente, uma história de crescimento que ecoa os triunfos de uma marca famosa e os transforma em suas próprias vitórias pessoais.

Em última análise, a associação de uma marca famosa a uma marca pessoal cria uma ponte entre o sucesso empresarial e o crescimento pessoal. Você se torna o arauto da mesma reação que permitiu que a marca famosa se destacasse. Ao compartilhar o mesmo território de valores e propósito, você canaliza a influência da marca famosa para sua própria jornada, criando uma sinergia única que eleva tanto a marca quanto o indivíduo. Nessa jornada, a personalidade da marca se torna mais do que uma estratégia - ela se torna uma filosofia de vida, um guia para o sucesso e uma bússola moral que ilumina cada passo em direção ao seu próprio triunfo.

Desenvolvendo a Marca Pessoal

Autoconhecimento Profundo:
O primeiro passo para Leitor é realizar uma jornada de autoconhecimento. Isso inclui identificar valores pessoais, paixões, habilidades, experiências e interesses. Ao compreender melhor a si mesmo, Leitor poderá criar uma base sólida para sua marca pessoal.

Definindo Valores e Princípios: Com base no autoconhecimento, Leitor deve identificar os valores e princípios que guiam sua vida. Isso ajuda a moldar a personalidade de sua marca pessoal e definir a direção que deseja seguir.

Identificação de Metas e Objetivos: Leitor deve estabelecer metas claras para o futuro. Essas metas podem abranger áreas como carreira, relacionamentos, saúde e desenvolvimento pessoal. Ter objetivos claros ajudará a criar um foco sólido para sua marca pessoal.

Explorando Interesses e Paixões: Leitor deve explorar e aprofundar seus interesses e paixões. Ao fazer isso, ele pode encontrar áreas nas quais deseja se destacar e nas quais sua marca pessoal pode se basear.

Definindo uma Proposta Única de Valor: Com base em suas características pessoais, valores, paixões e objetivos, Leitor deve criar uma proposta única de valor para sua marca pessoal. Isso pode envolver como ele deseja se destacar e como pretende impactar os outros de maneira positiva.

Desenvolvendo uma Identidade Visual e Narrativa: Criar uma identidade visual consistente, como um logotipo pessoal, e uma narrativa coesa ajuda a comunicar a marca pessoal de Leitor de maneira eficaz.

Praticando a Coerência: A coesão é fundamental para o desenvolvimento de uma marca pessoal forte. Leitor deve garantir que sua comunicação, ações e comportamentos sejam compatíveis com sua proposta de valor e personalidade.

Compartilhando Conteúdo Relevante: Leitor pode começar a compartilhar conteúdo relevante nas redes sociais, blogs ou outros canais online, relacionados aos seus interesses e à sua marca pessoal. Isso demonstrará sua expertise e atrairá pessoas com interesses semelhantes.

Networking e Colaborações: Participar de eventos, conferências e grupos relacionados aos seus interesses permitirá que Leitor construa relacionamentos e colaborações que fortalecerão sua marca pessoal.

Aprendizado Contínuo e Adaptação: À medida que Leitor cresce e evolui, sua marca pessoal também deve se adaptar. O aprendizado contínuo e a disposição para ajustar sua marca conforme necessária são fundamentais para o sucesso a longo prazo.
Ao seguir esses passos, Leitor pode desenvolver gradualmente uma marca pessoal sólida e autônoma, que reflita quem ele é, suas aspirações e seu potencial para impactar positivamente os outros.

Identidade

O conceito de identidade desempenha um papel significativo em diversos setores da vida de uma pessoa, influenciando suas ações, escolhas e desejos. Aqui está uma avaliação de como a identidade pode impactar nos setores de trabalho, relacionamento e família:

Trabalho: A identidade de uma pessoa é de extrema importância em sua carreira e no ambiente de trabalho. Como uma marca pessoal, a identidade influencia como alguém é percebida pelos colegas, superiores e clientes. Uma identidade bem definida pode resultar em:

Motivação e Propósito: Uma identidade clara pode fornecer direção e motivação, ajudando a pessoa a se esforçar para atingir metas alcançadas aos seus valores e paixão.

Desenvolvimento Profissional: A identidade orienta escolhas de carreira e oportunidades de desenvolvimento, permitindo que a pessoa busque caminhos que estejam em sintonia com sua visão de sucesso.

Resiliência: Uma identidade forte pode aumentar a resiliência diante dos desafios no trabalho, ajudando uma pessoa a superar obstáculos e manter uma atitude positiva.

Relacionamento: A identidade pessoal também impacta a maneira como alguém se relaciona com os outros e forma conexões:

Atração e Compatibilidade: Uma identidade influencia quem nos sentimos atraídos e que valoriza compartilhamos com parceiros em potencial, afetando a qualidade e a profundidade dos relacionamentos.

Comunicação Eficaz: Uma identidade bem definida facilita a comunicação, permitindo que a pessoa expresse suas opiniões, necessidades e desejos de maneira clara e assertiva.

Respeito Mútuo: Uma identidade sólida contribui para o respeito mútuo em um relacionamento, pois as pessoas entendem e valorizam os valores e objetivos um do outro.

Família: A identidade de uma pessoa também molda seus familiares e o papel que desempenham na dinâmica familiar:

Modelagem de Valores: A identidade pessoal influencia como alguém modela valores e comportamentos para os membros mais jovens da família, desempenhando um papel importante na formação das futuras gerações.

Conexão e Apoio: A identidade contribui para a capacidade de formar conexões emocionais profundas com os membros da família, fornecendo apoio mútuo e enriquecendo os relacionamentos familiares.

Equilíbrio entre Individualidade e Coletividade: Uma identidade bem definida permite que uma pessoa equilibre sua individualidade com o papel que desempenha na família, confiante para uma dinâmica saudável.

Em suma, a identidade é um elemento fundamental que atravessa vários aspectos da vida de uma pessoa. Ela influencia o modo como alguém se vê, como é percebido pelos outros e como interage com o mundo ao seu redor. Uma identidade bem trabalhada e autônoma pode contribuir para o sucesso, a satisfação e os relacionamentos saudáveis em todos os setores da vida.

DESCOBRINDO SUA MARCA PESSOAL

Programa de Criação de Identidade Pessoal:
Descobrindo Sua Marca Pessoal

Passo 1: *Autoconhecimento Profundo*

1. Quais são os valores mais importantes para você? (Exemplo: honestidade, criatividade, empatia)

_____

2. Quais são suas paixões e interesses? (Exemplo: esportes, arte, viagens)

_____

3. Quais são suas habilidades e competências notáveis? (Exemplo: comunicação, liderança, resolução de problemas)

_____

Passo 2: *Definindo Sua Proposta Única de Valor (PUV)*

4. O que o diferencia de outras pessoas? (Exemplo: experiências únicas, perspectivas incomuns)

_____

5. Que problemas você está capacitado a resolver para os outros? (Exemplo: oferecer orientação de carreira, inspirar criatividade)

---

6. Como sua personalidade e experiências podem beneficiar outras pessoas? (Exemplo: motivar através da superação pessoal)

Passo 3: *Desenvolvendo uma Identidade Visual*

7. Que cores você associa à sua personalidade e valores? (Exemplo: cores quentes para expressar paixão)

---

8. Que símbolos ou ícones representam sua marca pessoal? (Exemplo: uma chama para representar energia e paixão)

---

9. Qual estilo de design (minimalista, ousado, clássico) se alinha melhor com sua personalidade?

Passo 4: *Definindo Sua Narrativa*

10. Qual é a história por trás de suas paixões, valores e habilidades?

_____

11. Como sua jornada pessoal pode inspirar ou impactar os outros?

_____

12. Que mensagem central você deseja transmitir através de sua marca pessoal?

_____

Passo 5: *Aplicação e Consistência*

13. Como você pretende aplicar sua identidade visual em sua presença online e offline? (Exemplo: redes sociais, cartões de visita)

_____

14. Como você se comunicará consistentemente através de seus canais? (Exemplo: tom de voz, estilo de escrita)

_____

15. Como você interagirá com outras pessoas para refletir sua identidade e proposta de valor?

_____

Passo 6: *Avaliação e Adaptação Contínua*

16. Como você meditará o sucesso de sua estratégia de identidade pessoal? (Exemplo: aumento de seguidores nas redes sociais, feedback positivo)

---

17. Está disposto a adaptar sua marca pessoal à medida que cresce e evolui?

---

18. Como você continua a refinar e desenvolver sua identidade pessoal ao longo do tempo?

Ao responder a essas perguntas e trabalhar através dos passos, o leitor poderá criar um programa personalizado de construção de identidade que reflete sua herança, paixões e objetivos, gerados em uma marca pessoal forte e impactante.

Estratégia de Identidade Pessoal com Arquétipos

Passo 1: *Identificação de Arquétipos Relevantes:*

Revisite suas respostas às perguntas anteriores e destaque os valores, paixões e características que você identificou. Pesquise arquétipos que estejam acomodados com esses aspectos da sua identidade. Por exemplo, você pode explorar arquétipos como "Herói", "Criador", "Explorador", "Sábio" ou outros que ressoem com você.

Passo 2: *Integração de Arquétipos na Identidade Pessoal:*

Selecione um ou dois arquétipos que melhor representam sua personalidade e objetivos.
Explore como esses arquétipos podem ser incorporados à sua identidade visual, narrativa e comunicação. Por exemplo, se você escolheu o arquétipo "Herói", você pode enfatizar a superação de desafios em sua história pessoal e destacar símbolos heróicos em sua identidade visual.

Passo 3: *Aplicação em Canais e Interações:*

Aplique os elementos arquetípicos em seus canais de comunicação, como redes sociais, site pessoal, blogs etc. Use símbolos, cores e linguagem que estejam acomodados com seu arquétipo escolhido.
Considere como você pode usar seu arquétipo para criar um conteúdo inspirador e envolvente que ressoe com seu

público-alvo. Por exemplo, se seu arquétipo é "Sábio", você pode compartilhar dicas úteis e insights valiosos.

Passo 4: *Criando uma Experiência Coesa:*

Certifique-se de que todos os aspectos da sua marca pessoal, incluindo identidade visual, narrativa e passivamente, serem flexíveis com seu arquétipo escolhido. Isso criará uma experiência coesa e impactante para quem interage com sua marca pessoal.

Passo 5: *Avaliação e Adaptação Contínua:*

Monitore como seu público responde à sua identidade pessoal com base no arquétipo escolhido. Avalie se ele está criando uma conexão desejada e conforme o ajuste necessário.

Esteja aberto a evoluir sua estratégia à medida que sua marca pessoal se desenvolve. Os arquétipos podem ser adaptados para refletir mudanças em sua jornada e ambições.

Ao integrar arquétipos à sua estratégia de identidade pessoal, você estará adicionando uma camada de profundidade e significado à sua marca, tornando-a mais marcante e impactante para aqueles que se envolvem com você.

Além das Palavras
Construindo uma Identidade Autêntica como uma Marca Pessoal

Em um mundo onde as palavras fluem livremente e as declarações são digitadas em teclados com facilidade, é fácil cair na armadilha de pensar que uma identidade pessoal pode ser definida apenas por meio de palavras. No entanto, a verdade subjacente é profunda e inegável: "Você é o que você faz, não o que você diz que vai fazer." Essa afirmação poderosa ecoa por todo o espectro da construção de identidade, especialmente quando aplicada ao contexto da identidade de marca pessoal.

Imagine, por um momento, que sua identidade é uma tela em branco esperando para ser pintada. Você tem a oportunidade de escolher os núcleos, os traços e os elementos que comporão a obra-prima que é você. Mas a verdadeira magia acontece quando você não apenas escolhe os núcleos, mas também pega os pincéis e pinta com paixão, propósito e certeza.

Ter uma identidade elaborada não se trata apenas de escolher palavras bonitas para descrever quem você é. Não é sobre compor um perfil online repleto de adjetivos impressionantes, mas sim sobre agir de acordo com esses adjetivos em todas as áreas da sua vida. Assim como uma marca se manifesta através de suas ações, experiências e valores, sua identidade pessoal se materializa através das escolhas que você faz, das histórias que você conta e das conexões que você estabelece.

Uma identidade de marca pessoal autônoma vai além das palavras. Ela começa com um mergulho profundo em quem você realmente é. Pergunte-se: Quais são os meus valores fundamentais? Quais são minhas paixões verdadeiras? O que eu represento genuinamente? E então, em vez de apenas dizer que você possui essas características, você as vive e as reflete em suas ações externas.

Se a sua identidade é enraizada na criatividade, então realize. Se é baseada na liderança, então inspire e motive. Se é característico pela empatia, então ouça e apoie os outros. Cada escolha, cada ato, cada palavra compartilhada é uma pincelada que dá vida à sua identidade, tornando-a tangível e real para o mundo ao seu redor.

Lembre-se de que sua identidade é construída sobre a confirmação e a comprovação de suas ações. É sobre o controlado entre suas intenções e suas intenções. Quando você age de acordo com sua identidade de marca pessoal, cria uma conexão verdadeira e duradoura com as pessoas ao seu redor. Sua marca pessoal não é apenas uma declaração; é um testemunho de quem você é e como você molda o mundo.

Portanto, da próxima vez que se deparar com a frase "Você é o que você faz, não o que você diz que vai fazer.", lembre-se de que suas ações são a essência da sua identidade. Escolha suas pinceladas com sabedoria e pinte uma imagem estimulada que reflete a beleza única que é você. Afinal, é através das suas ações que sua marca pessoal brilha e deixa uma marca duradoura no mundo.

Agora é com você, brilhe...

www.ingramcontent.com/pod-product-compliance
Lightning Source LLC
Chambersburg PA
CBHW072217290526
45794CB00004B/1779